コラム法話

実となる人生

藤枝宏壽

永田文昌堂

はじめに

蓮如上人の御文章に「それ、秋も去り春も去りて、年月を送ること、昨日も過ぎ今日も過ぐ。いつのまにかは年老のつもるらんともおぼえずしらざりき」というお言葉がありますが、わが身にぴったりです。本当に、いつのまにやら「年老」が積もってきましたし、書棚をみると、そこにも書いたものがファイルに「積もって」います。

このあたりで一整理しようと思いたち、小本を出版してもらうことになりました。

内容は、まず福井新聞のコラム「心のしおり」に寄稿した短いエッセイ三〇篇…平成二五年九月から平成三〇年八月までに掲載された四七篇からの抜粋です。いずれもその時々にご縁のあったテーマについて、新聞の一般読者を想定して書いたものですから、比較的に読みやすいと思います。

次の一五篇は『群萌』という門信徒用の教化誌に寄稿したもので、同誌一五一号（平成一四年）～二〇〇号（平成二七年）の中から選びました。こちらは「教化誌」

という立場から書いたので、ある程度仏教色・浄土真宗色が濃くなっていますが、なるべく分かりやすいものを選びご紹介します。

しかし、浅学菲才の身でありながら、ただ作文が好きというだけでの所産・駄文集です。どうぞご批判の眼でお読みいただき、お気づきの点はご教示くださいますよう、前もってお願いいたします。

平成三十年十月

著者　識す

目次

『群萌』への寄稿

福井新聞【心のしおり】への寄稿

1　実となる人生

「みのりの秋」というが、秋になると米をはじめ、柿や栗など、自然の恵みで身も心も豊かになる。この自然の恩恵がなかったら、人間、どれほど科学文明をもってしても生きていくことはできない。

ものが実るということはじつにありがたいことである。

親鸞聖人は「真実」ということをとても大切にされたお方であるが、「真実《しんじつ》明《みょう》」（阿弥陀仏の別号）の字義を注釈して「真といふは、偽り、へつらはぬを真といふ。実といふはかならずもののみ（実）となるをいふなり」といっておられる。仏に偽り諂《へつら》いがあろうはずがない。偽り・諂いのやまぬ人間凡夫を救済されるからである。

その救済とは、「もの（物・ここでは人間のこと）がかならず実となる」ように如来がはたらいてくださるということ。つまり、せっかく人間と生まれたら、実のある人生を全うするよう、いいかえれば「生まれ甲斐」を得るように、如来が導いてくださるということである。

「ものをとりに部屋へ入って　何をとりにきたか忘れて　もどることがある
もどる途中でハタと思い出すことがあるが
そのときはすばらしい
身体がさきにこの世へ出てきてしまったのである
その用事は何であったか
いつの日か思い当るときのある人は
幸福である
思い出せぬまゝ　僕はすごすごあの世へもどる」
（杉山平一「生」）

この詩人が詠われているように、我々には「この世に出てきた用事」があるのである。

「人間、何のために生まれてきたのか」という人生最大の難問。それは、「生き甲斐」のように簡単に見つけることはできない。一生かかって探求すべきだ、探求していくことに意義がある、と杉山先生は言われているようだ。

この大問題に解決を与えるものこそ宗教であると私は思う。

親鸞聖人（『歎異抄』で取意）に伺ってみよう。「本願を信じ念仏を申さば仏に成る」といわれる。その「仏に成る」（仏のさとりを得る）ことこそ、「もののみとなる」道なのである。この道を生涯聞法していこうではないか。

2　一日一円

先般、ある雑誌をみていたら「一日一円ずつ貯金をしたら、百年でいくらたまるか」という他愛もない話が目にとまった。小学生によい質問かもしれない。一年では三六五円、一〇年で三六五〇円、そして一〇〇年なら三万六千五〇〇円だ。一〇〇年もかかってやっとそれだけか！　一瞬期待はずれの感が走る。

しかし、この質問者の意図は別なところにあるようだ。生まれてから毎日、一日ずつ過ごしていくが、もし一〇〇歳まで生きたとすると何日生きたことになるか？　三万六千五〇〇日という限られた日数でしかないことを認識すべきだというのである。

そしてあなたは今何歳か。これまで何日生きてきたのか。この後何日生きられると思うのか。たとえ三〇〇〇日生きられるとしても、毎日、毎日、現に一日ずつ消していっているのだ……尊い一日を！無駄に過ごした日はなかっただろうか。ただ食べては寝、食べては寝している日ならば、「空《むな》しく過ごして」いるのではなかろうか。

よく人生は旅にたとえられるが、ある目的地に向かっての旅であれば、一日一日が目的地に近づく一歩一歩であり、意味がある。目的なしにただ動きまわっているだけなら、「生まれたついでに生きているだけ」の空しい日々に終わるのではないか。

以前にも紹介したが「仏に従いて逍遙《しょうよう》して自然《じねん》に帰す」（善導大師）という旅路の歩みなら、毎日毎日が浄土への旅路の愛《め》づべき風景になる。念仏とともに歩む一日一日ならば、浄土からの光の中で、しっかりとその風景を確かめながら、今日も一日意義ある生を終えさせていただきましたと、合掌しながら床につくことができるのである。

「今日ひと日生くるいのちのよろこびを
　胸にいだきつみ仏のまえ」（九条武子）

「後生《ごしょう》をばかつてねがはず、ただ今生《こんじょう》をばいつまでも生きのびんずるやうにこそおもひはんべれ。あさましといふもなほおろかなり」（蓮如上人）

時の刻みの重さを感じつつ歳の瀬に向かう今日この頃である。

3　レコードの溝

ある小学校で先生が生徒にたずねた。

「ここにＬＰとＳＰと２枚レコード盤があるが、たくさん溝が見えているだろう。それぞれどれくらいの溝があると思うかね」

　生徒はがやがやいう。「LPは大きいから何千本かな」「SPでも五〇〇本はあるだろう」「……」

　そこで先生はレコード盤をプレーヤーにかけた。終わっときまた生徒に聞いた。

「溝は何本あったかね？」

「先生、一本でした」

「そうなんだ。LPでもSPでも、レコード盤には一本の溝しかない。しかし、その一本の溝に美しい音楽も、雄弁な演説も、みな記録されているのだよ。諸君の人生もそうだ。いのちの溝は一本だけ。そこにどのような記録をしていくか？　一人ひとりの心懸けだ。毎日を力一杯生きて、楽しい溝を刻むか、ぐずぐずして不平ばかりをぶつぶつ記録していくか、それは、一人ひとりの心懸け次第。あなたのいのちの溝は一本だけなんだと心に銘記したまえ。

　サア、諸君はどんなレコードを刻むか、楽しみにしているよ」

たしかに、わが人生はかけがえがない。無量寿経には「独り生まれ独り死す、一《ひと》として随う者なし」とある。せっかく人間としてのレコード盤に乗ったお互いである。この一本の溝は早晩終わっていく。ただ、毎日の雑音・騒音だけの記録に終わってよいであろうか。この人生のレコード盤完成にはどうしたらよいであろうか。

よい音楽の演奏には、よい指揮者が必要だ。意義ある人生の完結にはよい師、つまり仏教でいう「善知識《ぜんぢしき》」がなければならない。「凡夫《ぼんぶ》交響楽」の指揮者なら、私はためらわずに「親鸞聖人」という名指揮者を選ぶ。「本願を信じ念仏を申さば仏に成る」という一本筋の「溝」を完成されたお方だ。安心してその指揮のもと、私一人の音盤を刻み終えたい、ＳＰかＬＰかは別として―「仏に成る」というフィナーレを目指して。

（藤原正遠師の著『み運びのまゝ』所載の原話を味読・潤色させていただいた。）

4　いたかともいわん

昔、まだ筆者が小僧であった頃に、村のお講さまである老婦人の言った言葉が忘れられない。

「歳とったらむごいもん（哀れな者）やわの。若いもんらいたかともいわんでの…。暑いのに庭で草とっていても、嫁やら孫やらそば通ってもことば一つかけんのやで…」

アメリカの心理学者アブラハム・マズローという人が、人間には5つの欲求が段階を追って出てくるという説を出した。まずは①生理的欲求（食べる・排泄する）、②安全の欲求（身の安全）、③親和の欲求（家族・親戚・友人などとの親しい関係）、④認知の欲求（自分の存在・価値を認められたい）、⑤自己実現の欲求（自分の能力一杯に仕事・趣味などを成功させたい）

この中の④認知欲求とはどういうことか？　と思っていたとき、「いたかともいわん」というのはこの認知欲求の無視、拒否に対する反応だなと分かった。たしかに無視された方はたまったものじゃない。

人はみな、若くても、歳いっていても、自分の存在は認めて欲しいものである。普通の家庭や、人間関係では、それを認めた上での言葉がけや会話が行われているのだが、さて、老人に対してどのような「言葉がけ」が行われているであろうか。

無量寿経に「和顔愛語《わげんあいご》・先意承問《せんにじょうもん》（おだやかな顔でやさしい言葉をかけ、相手の心を先んじて知り、よく受け容れて教え導く）」とある。「老の苦は失（うしなう）と孤独の苦である」と言った人があるが、そういう状況を「先んじて知り」やさしい言葉掛けをしてあげることが、大切であろうと、敬老の日に近い頃、思い・願うことしきりである。

なお、マズローは老年になってから、先の欲求五段階に今ひとつ大事な欲求があったと付け加えた。⑥自己超越の欲求である。つまり、自己愛の充実を越えて、他の為に生きる・宗教的欲求を挙げている。

「お前、そこにいたね。私がついている…必ず救うよ」と、いつも願っておられる如来のお喚び声が、その欲求を満たしてくださるのである。

5　もっと平等

英国のジョージ・オウエルという作家に『動物農場』（1945年刊）という風刺小説がある。専制的な農場主（人間）を追い出して自治的な農場経営に成功した動物たちが、また専制政治へと逆行する過程を描いたものである。「すべての動物は平等である」という当初の最も大切な「戒」が、最後には動物たちの気がつかないうちに、権力を握った狡猾な豚によって「すべての動物は平等である。しかしある動物はほかの動物よりももっと平等である。」と書きかえられたというのである。

ここに、人間（動物）の本性が美事に描き出されている。建前は平等だが、本音は自己増大の欲望だ。平等なら、皆が同じようでなければならない。それを権力と悪知恵により「他よりもっと多い平等」を獲得しようという不埒《ふらち》な行動に走る人間の根性が、「もっと平等」という矛盾表現に露呈されている。人間は自己中心的我執・我欲という悪性から離れられないのである。

仏教でも「平等」を説くが、その真意はどうか？　浄土和讃にはこうある。

「平等心《びょうどうしん》をうるときを　一子地《いっしじ》となづけたり
　一子地は仏性《ぶっしょう》なり　安養《あんにょう》にいたりてさとるべし」

真の平等は仏の本性・本質である。人間の本性ではない。仏が真に平等であればこそ、我々凡愚も救われる。如来は善も悪も、賢も愚も平等に救われる。差別をされない。差別の世界において、差別を見られず、みな如来の一子《ひとりご》とみそなわすのである。

「春の日のあまねくそそぐ法《のり》の庭短し長し華やぐ枝に」という歌がよく仏の平等心を表す。木の枝の長・短は、一見差別の相である。しかし日の光は平等にどの枝にも注がれている。どの枝も、みなその光を浴びて活き活きと華やいでいるというのである。

差別の世界を包みこんで、差別は差別のまま、ものみなに生きるよろこび・救われていくよろこびを与えようとするのが、仏の平等心であり、彼岸の世界の根本精神。その彼岸に至らしめんというのが仏の悲願なのである。

6　さもありなん

どなただったか『群萌《ぐんもう》』同人のある先輩が言われた。「ご和讃の中に『弥陀初会《みだしょえ》の聖衆《しょうじゅ》』という言葉があるが、阿弥陀さまに初めて会うたときは、どういわれるのだろうか？『よう来た、よう来た』とほめられるのだろうか。私は、娑婆《しゃば》であったことを愚痴りたい気がする。いろいろ大変な苦労をしました、と。すると、阿弥陀さまはきっと『さもありなん、さもありなん』と言われるのじゃないかと思っているのだが、皆さん、どうですか」

まだ若かった筆者は、なんて俗っぽい話だ。高邁《こうまい》なおさとりの阿弥陀さまにしては余りにも程度が低すぎるのじゃないかと、内心不満だった。しかしその後、妙にその

「さもありなん」（そうでもあろう）という先輩の言葉が忘れられないでいる。

愛する人と別れたり、嫌な者と顔つきあわせたり、思うように事が運ばなかったり、失敗をしたり、騙《だま》されたり…とかくこの世は住みにくい。だから娑婆（サハー＝堪忍《かんにん》すべき土《ど》）というのだ。苦労しなければならないのがこの世（娑婆）だから、愚痴がでるのも無理はない。そうだろう、そうだろうと、阿弥陀さまはお見通しなのだ。

「だからこそこの阿弥陀は立ち上がっているのだよ。その愚痴が出てやまないあなたを救うためにこそ、南無阿弥陀仏となって、いつもあなたを離れないでいるじゃないか。心配するな。まかせよ。かならず浄土に迎えとるよ」と喚《よ》んでいてくださるのがアミダさま。そのアミダ仏に初めてお目にかかるときは、どんと抱かれて、泣きながら愚痴いっぱい言わせていただこう。「さもありなん」と大きくいただき取ってくださるだろう。

お盆・お彼岸になると、こうして凡夫《ぼんぶ》を全面的に受容してくださりながら、そのまま真如法性《しんにょほっしょう》（おさとり）に転じてくださる絶対妙用《みょうゆう》の慈悲・智慧のアミダ仏が、一《ひと》際《きわ》尊く、有難く思われることである—愚かな凡夫の私には。

7　世間解《せけんげ》

もう数十年も昔のこと、二歳の娘が夕食のとき食べたくないものを食卓の下に落とし始めました。それをとがめて私が叱ります。彼女は祖母、母親の顔を見まわして助けを求めますが、皆がダメだと首をふる…取りつく島もないと分かると、じっとうつむいて涙一杯ためてこらえています。その切ない様子に、とうとう祖母が助け船を出すと、ワッと泣き出し、慰めの愛語にしばし泣きじゃくりながらも、何とか納まったという一件がありました。彼女は、自分の非を認めながらも、叱られて悲しくてならない…その悲しみを理解してくれる者、庇護してくれるものを求めていたのでしょう。

その晩、気になった私はふと如来さまに「世間解《せけんげ》」という別号があることを思い出しました。「世間解」とは「世間のことをことごとく知る人」という意味です。仏さまは我々迷いの衆生とはまったくかけ離れた崇高な智慧の境界のお方だと思われます。確かにそういう意味では「善逝《ぜんぜい》」（よくさとりに達した人）という別号もあるのです。ところが、高い智慧の世界に留まっておられるのではない、その智慧の眼で、我々底《てい》下《げ》の衆生の迷い・苦しみ・悲しみのすがたをご覧になると、人間娑婆世界の実態が手に取るようにお分かりになる。なぜ苦しむのか…いのちの無常と心の煩悩のためだ、その因果の道理がなぜ分からないのか…愚痴であるからだ、如来の光に遇わないからだ、あぁ、何と哀れなことであろう…これを見捨ててはおけない、何とか救うてやりたいと、智慧の海から大慈悲心を発《おこ》されるのが「世間解」という如来さまなのだ…涙していく他ない我々に寄り添って、「南無阿弥陀仏」と愛語をかけ、いたわってくださる世間解様によってこそ、やるせない私の苦悩に安らぎがもたらされるのだなぁ…（娘にとって祖母は「世間解さま」だったのだ）と、味わったことでした。

苦悩の我々は、世間の表街道も裏街道もすべて見そなわされている善逝・世間解さまに「南無阿弥陀仏」と帰命していくばかりです。

8　踏切を拝む

数年前の手帳を見ていたら、ある日の落書きが見つかった。

「踏　切」

踏切で待たされた、
三本も列車が通過するのを。
なんとじれったいことよ！
でも自分が列車に乗っているときは
踏切のことなど　思ったこともない。
人生街道を走っているときも
待ってくれた人
よけてくれた人のことなど
思ったこともない。

あぁ、何という恥知らず！

主要道路では高架橋が多いが、他では遮断機のある踏切がまだ相当にある。昔、鉄道が単線であったときは、一回止まればすぐ通れたが、複線になっていて普通と特急が上り下りで行き来すると、三回待たねばならないことが時々ある。急いでいるときは実にじれったい。待っていてふと列車の中の人影を認めて、立場を変えてみた。

今、車中としよう。さあ降りるぞと準備しているようなときには、荷物や切符ばかりに気がとられて、今列車がどこを走っているか見てもいない。踏切で待っている人のことなどてんで思ってもみない。

これをわが人生街道に置き換えても同じであろう。がむしゃらに走っているときに、どれだけの人に迷惑をかけているかまったく眼中にない。ただ自分が走ることばかり考えてきた。まことに得手勝手なもの。自己中心ばかりの私であった。しかもそのおぞましい我が姿には、まったく気づいていなかった。自分で走ってきたと思っている。

それはいみじくも「自分から回っている気のかざ車」程度の幼稚（拗痴）さだ。仏教ではこれを迷妄《めいもう》といい、その迷妄を自覚しないことを「無有慚愧」（ざんぎあることなし・恥じる思いがない）といい（『観無量寿経』）、そういう手合いを「極重悪人《ごくじゅうあくにん》」（『正信偈』）という。（殺人犯だけが極重悪人ではない。）無意識で他を傷つけておいて、そ知らぬ顔、我が身賢《かしこ》しと自惚《うぬぼ》れていたこの私こそ極重悪人なのだ。意識していないところで「極重悪人」なのであったと気づかされたとき、思わず念仏が出た。

「極重の悪人は唯、仏を称すべし。」（『正信偈』）

何分待ったか知らぬが「踏切」を拝む思いで渡り帰宅したことである。

9　現在位置

どこかへ行こうとするとき、どの道を通っていったらよいかが問題となります。たとえば、初めて大病院へ行くと、きっと案内板を見られるでしょう。まず目的の診療科を探します。次は、どこを見られますか？「現在位置」ではないでしょうか。その両方を確認してから、目的の診療科へいく道筋がわかり、案内版の効果がでてきます。現在位置が示されてない案内版は、唯の画にすぎません。道案内はできないのです。

同じことが仏教においても言えます。仏教の「案内板」は四諦《したい》といって、「苦《く》・集《じゅう》・滅《めつ》・道《どう》」です。その意味は、「人生は苦である」「それは煩悩が集まっているからだ」「苦や煩悩の滅したさとりの世界がある」「そこに行くには仏道を歩みなさい」ということです。

この案内板で、目的地は「滅（涅槃・さとり）」、現在位置は「苦」、そして径路は「（仏）道」であるということは、容易におわかりでしょう。ところが、その仏道には昔から「八万四千の法門」があると言われています。「法門」とは径路であり道筋ですが、どうしてそんなに沢山の道筋があるのでしょう？　それは、お釈迦さまが数多くの人々に、相手に応じて法をお説きになったからだということです。つまり説法を聞いた人は、一人ひとりがそれぞれの「現在位置」に立っていた。同じ「苦」といっても、人によって違う。幼子を亡くして泣いている母、悪子に背かれて牢屋で身もだえしている王妃、魂があるかないかで苦しんでいる哲学者等々、その苦しみの様相はさまざまです。要するに、現在の自分自身をどう把握しているかが問題です。

病院へ行こうと出かけてきた人は、病んでいる自分を自覚していますが、私は大丈夫だと嘯《うそぶ》いているひとは、身の程知らず。日夜、生・老・病・死という四苦（無常）に攻められているのがわがいのちであり、わが心は煩悩に苛《さいな》まされている（「集」）という「現在位置」にあることに目が覚めていないのです。そういう目覚めがないのを「迷い」といい、「迷える者は道を問わず」（迷者《めいじゃ》不問道《ふもんどう》）…道を求めない、仏法を聞こうともしない、と言われています。

案内板の前にたって、まず現在位置をしっかり確認しましょう。

10　おしんぶつ

年が新たになって、ふと子どものころ、在所の人から「おしんぶつさん」と呼ばれて何か得意になっていたことを思いだします。「御新仏《おしんぶつ》」と言われているように錯覚したからでしょうか。ともかく、村の人々はある種の敬意と親しみをこめてそう呼んでくださいました。

しかし、大きくなってから、「しんぶつ」は「新発意」（しんぽっち＝発心《ほっしん》して新たに仏門に入った者。出家して間のない者。小僧）が訛《なま》ったものだと知り、私は果たして仏になろう、悟りを得ようという心を新たに発《おこ》したのだろうか？　と不安になりました。

やがて無量寿経を読むようになると、経の始めの方では、法蔵菩薩が師匠である世《せ》自在王仏《じざいおうぶつ》の前で「私はいまこの上ないさとりを求める心を発《おこ》しました」（我発無上正覚之心）と出ているし、その経の終わりでは、「釈尊がこの（阿弥陀仏の）教えをお説きになると、数限りない多くのものが、みなこの上ないさとりを求める心を発《おこ》した」（皆発無上正覚之心）と出ているのを知り、「さとりを求める心を発《おこ》すこと」（発《ほっ》意《い》）の大切さを感じたことです。

このように言うと、「発意」というのはずいぶん深刻なことで、特別な人の話だと敬遠されるかもしれませんが、実は誰にでも通じる大切なことです。「救われたいと思う心」です。

「世の中は食うてはこ（くそのこと）して寝て起きて　さてそののちは死ぬるばかりぞ」（一休禅師）という歌のように、さめた目でみると人生とは結局のところ空しいものです。その空しさから救われたいと思えば、仏の国に生まれて「この上ないさとり」を得させてもらうより他ありません。

「手を握りしめて生まれて手の力ゆるめて終わる人の一生」（美原凍子氏　朝日歌壇掲載）を直視すれば、この世の歓楽の夢を見ていることの危うさが思われます。

「仮の世にまた旅寝して草枕夢の世にまた夢をみるかな」（慈円僧正）が我々の実態ではないでしょうか。

新年に仏前に合掌し念仏しながら、「必ず浄土に生まれさせ、さとりを得させるぞ」と誓われている阿弥陀仏のお喚び声をしみじみ聞かせていただくとき、「本願力にあ

いぬれば　むなしく過ぐる人ぞなき」のよろこびを感じることです。

どなたも皆、年新たに発意いたしましょう。

11　光のはたらき

「植物は、動物のように自分で歩き回って食べ物を得ることはできないが、自分の体の中で栄養分をつくることができます。植物に必要な栄養分はでんぷんや糖分。これらの栄養分を、太陽の光と、空気中の二酸化炭素と、根から吸い上げた水を使って、葉っぱの中の葉緑体《ようりょくたい》というところで作りだしている。この仕組みを光合成《こうごうせい》といいます」と、ある小学校理科の本に書いてあります。そして「自分で養分を作りだすことができるのは、植物だけが持っている特別な力で、植物は〈生産者〉といわれ、動物・人間はこの光合成で出てくる酸素を呼吸して活動し、植物が作った栄養を食べて生きているので〈消費者〉といわれる」のだそうです。

平生私たちは何とも思わずに広い野山の草や木を眺めていますが、その「緑」の中でこのようにすごい光合成がいつも行われていて、そのお陰で私たちのいのちが保たれているとは何と不思議なことでしょう！　特に、光と葉緑体のしくみとはたらき―詳しいことは無学の私には分かりませんが、ここに何か秘密があるようです。

そこでふと思うのですが、仏さまの光と我われの煩悩の関係も、光合成にどこか似ていないでしょうか。仏さまは、智慧と慈悲の光で、煩悩に満ちた私たちをお照らしくださる。煩悩とは貪《とん》（欲の心）、瞋《じん》（怒り）、痴《ち》（真理に暗い心）、慢《まん》（おごり・高ぶる心）、疑《ぎ》（仏智を疑う心）、見《けん》（自分の見解のみが正しいとする心）など、人間の精神生活を暗くする心の悪いはたらきのこと。しかも、そういう自分の煩悩が見えていないから「無明《むみょう》」という。如来はこの無明の中で苦しみ・悩む人間を救おうと、無量の光でお照らしくださる。この仏さまのお姿を拝み、合掌・念仏し、法話を聞かせていただく…これがお照らしに遇うこと。こうして仏の光に照らされると、愚かな我が身がだんだん知らされてくる…やがてこのような煩悩に満ちた私は地獄行きより他ないと心底から我が身に怖気《おぞけ》が立つ、その時…「だからこそ、如来の光はあなたを摂《おさ》め取っているのだよ」とやさしく仏の光に包まれている我が身を教えられ、「あぁ、何ともったいないことやら」と、ご恩報謝のお念仏が出てやまない。如来の光はいつのまにやら煩悩を喜びに変えておられる。「愚痴が感謝にかわる智慧」をいただいている。二酸化炭素（煩悩・愚痴）を酸素（お念仏・感謝）に「光合成」されている。そして浄土に生まれていく栄養（如来の力）をいただいて、この世から救われていく道を、毎日歩ませてもらっているのだ…。

何かこのような連想をして、心たのしく光のはたらきを味わっている次第です。

12　お経の意味

「お経みたいに〝ワケのわからんコト〟いうな」などという人がいますが、そうでしょうか。いいえ、お経にはちゃーんとした意味があります。お経は元々インドでお釈迦さまが説かれた教えを文字にしたものなのです。

お釈迦さまは、四十五年間いろいろな素晴らしい教えを説かれましたが、お亡くなりになる。そこで仏弟子たちが集まって、今までに聞いた釈尊のお言葉が散逸しないように思い出し、皆で確認し合ってできたのがお経なのです。そのお経のことをサンスクリット語では「スートラ」（タテ糸）といいます。沢山のきれいな花（釈尊のお言葉）に糸を通して、繋ぎ留めておくときの糸という意味です。

インドでは当然「スートラ」（お説法）の意味はそのままで通じました。そのスートラが、やがて中国に入ってきてタテ糸をあらわす「経」と訳され、沢山のお経が中国語（漢文）に翻訳されます。そして当時の中国人はその漢訳経典を読み聞きして、そのまま意味が解かったのです。

ところがその漢文の経典が日本に伝来したとき、日本語に翻訳しないで漢文の語順や発音（呉音《ごおん》や漢音《かんおん》）のまま音読・棒読みするようになり、その伝統が今でも大方の寺院に残っています。しかし昔のお坊さんは、儀式的な音読をする他に、その漢文のお経の意味を日本語で理解しようと努力されました。親鸞聖人も漢文に反点《かえり》や送り仮名をつけ、訓読《くんどく》（日本語よみ）された跡が残っています。

そのように大事な意味のあるお経ですが、仏教全体では八万四千と種類が多いのです。それは釈尊が色々な相手に応じて説法されたからだと言われますが、法然上人や親鸞聖人は『仏説無量寿経』などの浄土三部経を中心に、煩悩《ぼんのう》に満ちた愚かな「この私」が本当に救われていく道を聞き開かれました。

「経」（スートラ＝タテ糸）についてある先生の忘れがたいお話があります。「タテ糸（経）があればヨコ糸（緯）がある。〝人生模様〟をきれいに織り上げるには、まずタテ糸をしっかり張り、そこに日々の真剣な生き様というヨコ糸を織り込んでいかねばならない。タテ糸（経）、つまり「お経」は人生航路の指針である」と。

迷いの岸にいる愚かなこの私が、おさとりの港を目指す「タテ糸」をしっかり張り、いかに波瀾万丈《はらんばんじょう》の苦海の中でも、本願名号という羅針盤に導かれて、日々称名念仏のヨコ糸を織り入れて人生模様を仕上げること。それが「お経の意味」だといただいている次第です。

「どれだけ振り回されても　磁針《はり》は天極をさす」（高村光太郎）

13　語りかけで無畏施を

1973年、釈尊成道の地インドのブッダガヤに建立された日本寺の落慶法要に、越前市五分市本山の善解法主《ぜんげほっしゅ》がご臨席になり、私が随行した時のことです。法要後、境内には「施米」を待つ難民が長蛇の列。法要団一行の19人は、米の袋から1椀ずつすくい出し、一人ひとりの布に入れてまわる。施しをする「施主」はいい気分。中には、施しているこの姿を撮ってと〃ハイポーズ〃する人さえいる。しかし善解法主はちがう。一椀ずつ空けられると、両掌をあげて、何やら日本語で語りかけられる。（困ったな、言葉が通じるはずはないし、他の団員に遅れてしまう…と、随行は気が気でない。）ところが思わぬ反応があった。語りかけられたインド人が腰を上げ、手をあげて嬉しそうな顔で何やらしゃべり出したのである。この瞬間、ハッと私は気づいた。今、御法主は「無畏施《むいせ》」（相手の畏《おそ》れをなくするという無財の施し）を実行しておられるのだ。畏れがとれた相手がちゃんと笑顔で合掌して応《こた》えているではないか！さすがは79歳の高齢で、いのちがけで「念仏旅《ねぶったび》」に出てきておられるご法主様だ。「やせし手に念仏《ねぶつ》でわたす涼しさよ」との俳句が光る。まさに念仏という語りかけで無畏施をされたのでありました。

最近、ナラティブ（物語）に基づいた医療（NBM）が重視されています。普通は検査や診断・処置というエビデンス（証拠）に基づいた医療（EBM）が主だが、やがて行き詰まりがくる。そのときは患者自身の「物語」を聞き出せば、不治の病になっても患者は医療に適応してくる。「病気はどんな具合ですか」「病気するまではどんな生活だったんですか」…など医師が尋ねると、患者には言いたいことが一杯ある。○○してこうなって、××して辛かった…等々。ともかくこうして患者が自分のことを物語ることによって精神的ストレスが解け、末期医療にも好影響がでてくる…というのがNBM。そしてその端緒は医師からの「語りかけ」であるといいます。

医療に限らず、悩める者、孤独な人、高齢の人には、周辺の者が温かい言葉をかけてあげれば、その畏れが少しでもなくなり、薄らぐでしょう。「語りかけ」は「無畏施」への第一歩。敬老の日・秋彼岸のころ、お互いにこの仏道を実践したいもの。「いたかともいわん」（第4話）などはもっての他です。

14　鏡と光

《長男が三歳のころ、テレビをみてミートソースとスパゲッティが食べたいと言い出した。その食事を食べたあとの口のまわりは、大変なもの。父は「鏡を見ておいで」という。子どもは洗面所へ行って帰ってきたが、同じ顔。父が「鏡をみたか。どうやった？」と聞くと、子どもの答えは「鏡は四角かった」！

たしかに子どもは鏡そのものを見たが、鏡に映ったわが顔は見ていなかったのだ。

善導大師が「経教は鏡のごとし」と言われているが、我々もうっかりすると、経文のみを見ていて、その経に映し出されているわが姿を見ていないのではなかろうか。》という中井賢隆師の法話を聞いて、巧みな譬えに感心しました。仏教の形（仏像、堂塔、経本など）だけを見て・鑑賞していても、そこに込められた仏の心を鏡として、自己の姿に気付かねばいけないのだ、というもっともな教えだといただきました。

ところがある日、日曜学校で子どもからクイズをかけられました。

「鏡を前にも横にもうしろにも置くと自分の姿全体が映る。では、上も下も鏡でできた箱の中に入ったらどんな姿がみえるか？」というのです。考えこんでいると、子どもはヘッへと笑って「何も見えない。まっ暗！」

あっそうだ。たしかにそうです。たとえ鏡であろうと、光が入らなかったら、六方板で囲んだ箱の中で、まっ暗です。

一本とられました。しかし、そこで大事なことにふと気づきました。

鏡が鏡として機能するには光が前提なのだ。仏法が鏡となるには、まずアミダ仏の光である。この浄土からの光・念仏に遇うてこそ、わが姿は仏法領《ぶっぽうりょう》の鏡に映し出されるのである。念仏しながら、経文を聞き、法話を聞き、仏像を礼拝しよう。念仏しながら鳥の声を聞き、花を見、そして人とも交わろう。そこに映し出されてくる我が姿に気づかされ、またお念仏が出てくるのだ。こう気づかされたことです。

15　内は愚か

拙寺の座敷に「内愚外賢」という扁額が懸かっています。草書でかなりくずして書かれているので、ときたまどう読むのですかと問われるお客さんがおられます。（そのときは嬉しくなります。床の間の掛け軸や、欄間に懸かっている扁額に関心を持たれる方は、ほとんどおられないものですから。）

「実は、この字は『内は愚かなのに、外は賢い』という親鸞聖人のお言葉です。わが心の内側は愚かさに満ちているのに、外側はさも賢そうに見せかけている。あぁ、なんと恥ずかしいわが身かと、聖人はきわめて鋭い眼で自己を徹底的に見通しておられます。それが胸にぐっときたので、この字を書道の先生にお願いして書いてもらったのです」と、説明をします。そして、今お客と対座しながら、ともすると賢そうに振る舞おうとする自分自身に、聖人のきびしい眼差しを感じるのです。

　親鸞聖人はご自身を「愚禿《ぐとく》」と名告《なの》られました。法然上人は「愚痴《ぐち》の法然房」、伝《でん》教《ぎょう》大師《だいし》最澄《さいちょう》は「愚中《ぐちゅう》の極愚《ごくぐ》」と言われ、良寛禅師は「大愚《たいぐ》良寛」との法名でした。どうして偉いお坊さんになると「愚」と言われるのでしょうか？　おそらく、わが内なる愚かさに「気づかれた」からでしょう。仏の光に遇われたからこそ、わが愚かさが見えてきたのでしょう。

　『法句経』（六三番）にこうあります。

「おろかな者も　自分をおろかだと思えば　その人はもうかしこい
おろかなのに　自分をかしこいと思えば　その人こそ　ほんとにほんとに
おろか者」

（瀬戸内寂聴『寂聴　生きる知恵　法句経を読む』）

世間では、ものを知らない人、「知識」のない人を「愚か」者というかもしれませんが、仏教でいう「愚か」とは「智慧」のないこと、自分自身の内側が煩悩・我欲で満ちていることに気づかない（無明《むみょう》である）。それが苦の原因である。その結果悪い処へいくのだということを知らない。それを愚かというのだ。この「無明」はやはり如来の智慧の光明に遇わないと破られない―と愚禿親鸞聖人は教えておられるのです。

十一月二十八日は聖人の御正忌。心の内を開いて聞法したいものです。

16 この世の思い出

「よんべの温泉、おもいでなかったのぉ」というような方言、懐かしいと思われる方は、戦前お生まれでしょうか。意味はもちろん「夕べの温泉は、とても良かった、良い思い出になりますよ」ということですが、「思い出」というところを広辞苑で見ますと「前にあった事柄で深く心に残っていることが思い出されること」と出ています。人生において「深く心に残っていること」というと、どのようなことでしょうか。かならずしも良い思い出ばかりとは限らない、辛かった、悲しかった思い出もありましょう。

ふと、このような歌が心をよぎります。

「雪の降る街を　雪の降る街を　思い出だけが　通り過ぎてゆく

　雪の降る街を　遠い国から落ちてくる　この思い出を　この思い出を

　いつの日か　つつまん　温かき幸せの　ほほえみ♪」

昭和28年（1953年）にNHKラジオでよく流れた歌（作詞：内村直也　作曲：中田喜直）です。若いころ心に刻まれたので、音痴ながらも口ずさむこともできます。本当にしんみりと歌っていると「人生は思い出である」とどなたかが言われた言葉が蘇《よみがえ》ります。生きてきたわが思い出の切なさ、別れた愛しい人の尽きせぬ思い出等々、人生に残るものは思い出だけだといったら極言しすぎでしょうか。

親鸞聖人にとっても、生涯忘れがたい思い出がいくつかありました。先ずは二十九歳で法然上人にめぐり遇い、凡夫のまま念仏一つに救われていくという画期的な教えに人生の光を見出されたこと。三十三歳（入門まだ四年）という時に、『選択集《せんじゃくしゅう》』という法然上人秘蔵の御著の書写を許され、御真影（肖像）の図画までさせていただいたということ。しかし三十五歳の時には、念仏を禁止するという朝廷の不当な命令で、越後に流罪となったこと。聖人はこれらの「思い出」を「悲喜の涙」を流しながら『教行信証』の後書きに記しておられます。人間としての生まれ甲斐を得てゆかれた思い出ばかりです。

良寛さんは「不可思議の弥陀のちかひのなかりせば何をこの世の思ひ出にせむ」と詠まれています。禅の大家でありながら、阿弥陀仏の本願に遇われたことが「この世の思い出・喜び」でありました。

やはり、人生の最高の思い出は、わが「いのち」のゆくえが明らかになることに帰するようです。年の暮れを前に一人ひとり「この世の思い出」を確かめたいものです。

17　こころ明けまして

親鸞「みんなに尋ねるが、夜があけて日輪《にちりん》が出るのか、日輪が出て夜があけるのか？　どちらかな」

門弟「夜があけた後、日が出ます」

親鸞「そうではあるまい。日輪が出るからこそ、夜の闇が晴れて明るくなるのだ。それと同じように、無碍光《むげこう》の日輪に照らされてはじめて我々の無明《むみょう》という闇が晴れ、明るい信心がいただけるのだ」

こういうエピソード（取意）が『口伝鈔《くでんしょう》』に載っていますが、単純なようで、実に大事なことを親鸞聖人は教えておられます。「夜が明けたから太陽が出る」と、多くの人は思いこんでいますが、それは、地球が自転しているという現代の科学の知識から言っても道理に合いませんね。太陽の光が届いたところから夜（闇）は明けていくのですから。

太陽の光は今、仏の光に譬えられ、仏の光が至ればこそ、我々愚痴・まよいの凡夫の心の闇は破られるのだ。ちょうど、曇鸞大師《どんらんだいし》という名僧が「千年の闇室《あんしつ》に、ひとたび光が至れば闇は消えて明るくなる」と云われているのと同じです。

『無量寿経《むりょうじゅきょう》』には「仏の教えを信じないものは…心は暗く閉じふさがり（心塞意閉《しんそくいへい》）、愚かに迷っているばかりである」と書いてあり、またそれと対照的に「今、釈《しゃ》迦牟尼世尊《かむにせそん》（お釈迦さま）にお会いして無量寿仏《むりょうじゅぶつ》（阿弥陀仏）のことを聞かせていただいたものは、喜ばないものはひとりもなく、みな心が開かれて、くもりが除かれました（心得開明《しんとくかいみょう》）」と書かれています。

要は、心が暗い、真実が見えない、愚痴・無智のものは、まず、如来の光に遇うことが先決。暗い中で、手探りするように、迷いの心をどれだけふり回してみても、闇は闇。しかし、そこに仏の光・仏の喚び声・仏の教えが届けば、中は一瞬にして明朗になるのです。浄土からの光・念仏に遇うこと・その教えを聞くことが、「夜の明ける」ために第一に必要なことなのだと教えられています。

「明けましておめでとう」というのも、如来の光に夜が明け、こころが明るくなりまして、おめでたい」というのが本義ではないでしょうか。

「こころ明けまして」（こころが開かれて）こそ「おめでたい」のだと、独り味わっています。

18　まんじ

「四月八日は　花まつり　お釈迦さまの　誕生日」と子供のころからよく歌ってきました。お釈迦さまがこの世にお出ましにならなかったら、私たち、悩める者の救われる道は開かれなかったのですから、仏教の発端としてこの日を仏教徒は大切にするわけです。

　ところで、地図などで仏教寺院を示す印としてよく「卍」が使われますが、このマークを何とよむのか、皆さんはご存知でしょう。それなのに私は大学生のころ、「卍」

は梵語でスヴァスティカというのだと習い、それを得意になって覚えただけで、日本語での読み方には無関心でした。

「卍」は「まんじ」と読むことを知ったのは、かなり後になってから。平生は声に出して読むことはほとんどなく、ただ記号として「見て」いただけでした。

広辞苑では、

「まん‐じ【卍】（万字の意）（梵語 svastika ヴィシュヌなどの胸部にある旋《せん》毛）功徳（くどく）円満の意。仏像の胸に描き、吉祥万徳の相とするもの。右旋・左旋の両種があり、日本の仏教では主に左旋を用い、寺院の記号などにも用いる」

とあります。ともかくも、現在日本では卍は仏教の印になっています。（因《ちな》みに、右旋の卐はあの恐ろしいナチスの印でした。間違ったら大変！）

さて、この卍についてあるとき素晴らしい御法話を聞きました。

《卍はLが4つ組み合わさったものと解釈できます。Life（無量寿）、Light（無量光）、Liberty（自在・解放）、Love（慈悲）の4Lで、すべて阿弥陀仏のお徳

を表わすものです》

と尼崎市の宏林晃信師は仰有いました。実によくうがったお味わいです。「卍」は単なる仏教のマーク・符牒ではなく、そこに阿弥陀仏の仏性とおはたらきを頂くことができるとは、何と有難いことでしょう。

如来は、我々苦しみ悩む者を哀れんでこれを救いたいと「慈悲」をおこされ、「無量の光」を放って、我執の檻に閉じ込められた我らを目覚ましめ「解放」される。そして浄土への道を歩ませ、やがて涅槃のさとり「自在」の境界に入らしめ「無量の寿《いのち》」を得させてくださるというのであります。

卍の字に出会うたびに、阿弥陀仏によるこの永久の幸せを見出して下さった釈尊の御恩に深くご報謝したいもの。こうしてよいご法話を聞かせていただいた法縁を喜んでいる次第です。

19　これ時なり

「そのうち」

〝そのうち　お金がたまったら／　そのうち　家でも建てたら／
そのうち　子供が手を放れたら／　そのうち　仕事が落ちついたら／
そのうち　時間のゆとりができたら／
そのうち……／　そのうち……／そのうち……と、／
できない理由を　くりかしているうちに／結局は何もやらなかった／
空しい人生の幕がおりて／　頭の上に　淋しい墓標が立つ／
そのうちそのうち／日が暮れる／　いまきたこの道／かえれない〟
と相田みつを氏の言葉は辛辣《しんらつ》であり、先を見る目は確かです。
そのうち何をしようと思うのでしょう？　いつもやりたいと思いながら、先延ばしにしている何か大切なことに違いありません。習い事の進級試験？　押入の整理？

家系図？　自分史？　…どれも大事ですが、人間として一番大事なことは何？　人間としての「生まれ甲斐」を得ることではないでしょうか。昔からこれを「後生《ごしょう》の一大事」といいます。わがいのちの行方をはっきりするということ。大問題です。だから、いつかは解決しなければ…と心の中では思いつつ、「そのうち、そのうち」と先延ばししていないでしょうか。

『無量寿経』の中に「宜知是時《ぎちぜじ》」（よろしく知るべし、これ時なり）という言葉があります。阿弥陀仏が法蔵《ほうぞう》という名の菩薩であったとき、あらゆる衆生を救いたいという未曾有の願いをおこし、長大な時間をかけて思惟《しゆい》された結果ようやく四十八の「救済策」が決まります。そこで菩薩の師匠である世自在王仏《せじざいおうぶつ》にそのことを申しあげると、「今こそそれを説くべき時だ。説いて大衆を悦ばせなさい」と言われたのが、「宜知是時」なのです。この「今こそ時なり」という言葉が妙に心を捉えます。ぐずぐずしていてはならない。今こそ実践すべき時だ。「そのうちに仏法も聞こう」ではなく、「今こそ仏法に遇う時だ」と、聴聞に一歩を踏み出す、法座に足を向ける、その時が今なのです。

経はまた「各おの強健な時にこそ仏道に励みなさい」と諭しています。「足腰の立つうちだよ、仏法聴聞は。そのうちそのうち日が暮れるのだからね」と。

「時の記念日」は去る6月10日でしたが、「これ時なり」は毎日心に刻むべき教えではないでしょうか。

20　一　味

「一味」というと「一味とうがらし」のことと思われるかも知れません。また新聞では「悪党の一味逮捕」等という見出しがあったり、芸術界では「ひと味違う作風」という表現もあります。それが今日使われている「一味」という言葉のおよその意味です。

しかし実はその語源は仏教語なのです。「仏説は時と所に応じて多様であるが、その本旨は同一であること」と『広辞苑』にあり、一切経には三千六百回余りも「一味」が出てきます（しかも「海」との関連が多い）。

そういえば、いつも読誦している『正信偈』には「如衆水入海一味《にょしゅしいにゅうかいいちみ》」とあります。「仏の大いなる慈悲のお心を慶《よろこ》ぶ身となれば、悪人も善人も、凡夫も聖者もみな等しく仏の心につつまれ、広大無辺な仏のいのちの世界に救われていく。ちょうど、あちこちの川の水はそれぞれ色も味も異なるが、大海に入ればみな『一つ味』にとけ合うのと同じである」という意味です。我われ凡夫のレベルで善だ悪だと言いあっていても、如来の絶対界に入れば一味のさとりに転じられ同化されるということです。

物の本によると、この地球上の「いのち」は三十六億年前、海で誕生したのだと言います。とすれば、海はあらゆるいのちの根源であり、人間という尊いいのちも「母なる海」から生まれたのです。こうして人類みな共なるいのちにつながっているはずなのに、核ミサイルだ、テロだ、「我国一番」だ…などといがみ合っていてどうなるのでしょう。

「いがみあう」一字《いじ》（意地）を下げて「おがみあう」仏の教えを聞いてほしいものです。大衆も諸国もそれぞれ異なった独自の「水」を持っていて、「あっちの水はにがいぞ、こっちの水は甘いぞ」と、いがみ合いしがちですが、やがてみな同じ海に向かっていき、一つ味になるのだと思えば、そんなに力まなくてもよいのではないでしょうか。自我中心にとらわれている万人それぞれの濁った心水を大慈悲の「海の一味」に転じてくださる如来の智慧、いのちの本源に帰らせてもらうべきではないでしょうか。

現実世界の酷しさを知らずに絵空事を言うなと叱られるかもしれませんが、つまるところここはまよいの娑婆。究極は仏のさとりの海へ向かう他ありません。やがて海の日。これを機に、世の指導者、識者、そして庶民の皆さんと共にこの「海一味」の教えを噛みしめ、一味平等の世界を願いたいものです。

21　おいとま

おいとまをいただきますと戸をしめて
出てゆくやうにゆかぬなり生は
斎藤　史《ふみ》

ある所でこの歌を読み、歌心のない私なのに妙に心がひかれました。

作者は、偶然にも私の母と同じ明治四十二年生まれ、九十三歳まで生きられた有名な歌人です。この歌は斎藤史の第八歌集『ひたくれなゐ』所載、失明のすすむ母と脳血栓に倒れた夫の介護に追われる日々の中でまとめられた歌集だそうです。その二人の介護をされながら、「人間、最後はあまり周りに迷惑をかけないで、そっとおいとまするようにこの世を出ていきたいものだと思うが、実際人の生はそう簡単には終われないものだ」という趣旨でしょうか。人の生の終わりの苦難をいろいろに思わされたことです。

しかし、平生に信心をいただき、仏の救いの光に包まれている人は今から仏と共歩き。最期がどうあろうと何の心配もない。意識があろうがなかろうが、その時には「日付変更線」を越えるように娑婆から浄土に往き、さとりの境界に生まれるのだ…と聞かされています。

でもお葬式は？　それは、ご苦労様ですが、喪主を始め、遺族にお任せする他ありません。最近、家族葬だ、近親葬だとか、ひどいのは葬式もせず火葬場へ直葬などと、金銭計算だけで「合利化」しようという風潮がありますが、いかがなものでしょうか。そもそも亡き人の「おいとま」のことなど考えているのでしょうか。

人間何十年か生きてきたら、相当数の人々にお世話になってきたはず。そしたら、その生の最後に「お世話になりました。これでおいとまさせていただきます」というお別れの挨拶をすべきでしょう。その挨拶を代行するのが喪主であり、故人のその挨拶を受けるのが会葬者、ご縁のあった方々です。そして逝く人も残る人もみな人間の生死を御はからいくださる如来さまに合掌念仏、御礼申しあげるのが葬儀の本質です。

独り身だった念仏詩人木村無相翁は、生前葬をしてお世話になった皆様に「おいとま」を申され、歿後、投函準備されていた死亡通知のハガキが届きました。あとの法要は縁者で勤められましたが―。

ともかくも「おいとま」は申して往きたいものです。夜逃げはしたくありません。

22　柔らかな心

防災の日が近づくころ、ふと『五重の塔はなぜ倒れないか』（上田篤著・新潮選書）」という本に興味がわき、前書きをみて驚きました。塔は通しの心柱《しんばしら》で支えられているのではなく、「ヤジロベエつきのキャップが五つ、それも単に乗っているというだけではなく、垂木《たるき》の一端に、天秤《てんびん》の一方の重《おも》りよろしく足をかけて乗っかっている、というアクロバット的な柔構造《じゅうこうぞう》である」ということです。しかも多くの部材の接合には釘を使わず、「仕口《しくち》」という組み方になっているため、地震などのエネルギーを吸収できるのだそうです（『古代住居・寺社・城郭を探る』国土社）。

建築のことには門外漢ですが、「柔構造」という言葉はスカイツリーに昇ったときに聞きました。「超高層建築などの耐震構造の一種。柱・梁（はり）などの材をある程度変形できるようにするなど、構造物の震動周期を長くし、地震の際に構造物に作用する力を小さくしようとするもの」と『広辞苑』にあるとおり、衝撃に対してビクともせずに跳ね返す剛構造《ごうこうぞう》ではなく、衝撃を「ア、イタッ！」と一瞬自ら受け、相応に揺れながら、揺れることで衝撃波を吸収するという構造のようです。

どうやら、柔構造には、災害の衝撃を何とか軽微にしたいという願い（本願）と、衝撃に柔軟に対応する力学的見通し（智恵）と、それを可能にする精密な計算（計らい）・技術（方便）がはたらいているのだなあ。これが坊主としての味わいです。

無量寿経に「あらゆる衆生が、如来の光明を身に触れれば身心が柔軟になる」と書かれています。如来は、人々を根っこから幸せにしようという本願をおこされ、永い間思惟《しゆい》され、大きな御計らいをされた。そして智慧と慈悲の光、南無阿弥陀仏という仏の名（方便法身）で救おうと結論された。その光が今、身に触れる（口から念仏となって出てくださる）と、かたくなな心も柔軟になり、称名が救われていく実感となってくださるのです。

その「柔らかなこころ」の〝構造〟を詠う詩をお味わいください。

お光さまが　きてくださると　こころの　もやもやが　ひとりでに
ほぐれて　ゆくようで　ございます

（榎本栄一）

23 アインシュタインと姥捨て山

大正十一年（１９２２）の秋に、アインシュタイン博士が来日され、日本仏教界の第一人者である近角常観《ちかずみじょうかん》師と対談されたときの話です。

博士は、単刀直入に「仏さまとはどのようなお方ですか？」と尋ねられる、すると近角師は「姥《うば》捨て山」のお話をされたそうです。

昔、飢饉の時代、山国では「姥捨て」の風習がありました。食べ物が少ないので、家族全員で食べると足りなくなる、そのため老いて働けなくなった親を山に捨てるというものです。

ある息子が老いた母を背負い、山奥へ入って行きました。途中、母は木の枝を折っては何度も道に落としていました。息子は心の中で「母は村に帰ろうと思っているのではないか？　目印として枝を折っているのでは？」と疑いました。やがて、深い山中で母を下し、背中を向けた時、母は息子に言いました。

「お前が道に迷わんよう、枝を落としておいた。目印にすれば帰れるじゃろう。さぁ気をつけて帰れ」と合掌し、別れを告げたそうです。

その言葉を聞き、息子は泣きました。

「なんと私は恐ろしいことを考えていたのだろう。息子に殺されようとしているのに母は私のことを最後まで心配してくれている」息子は母に手をついて謝《あやま》り、再び母を背負って山を降りました…という哀話です。

近角師は「この母親の姿こそ仏様の姿です。自分のことより、息子が無事に帰りつけることだけを心配する。それが仏の心である」と話された。

涙を湛えてこの話を聞いておられたアインシュタインは、帰国するに臨んで、「日本人がこのような温かい深い宗教を持っていることはこの上もない幸せなことです。日本に来てこんな素晴らしい教えに出遇えたことは私にとって何ものにも勝るものでした」と語ったそうです。

「奥山に枝折るしおりは誰《た》がためぞ親を捨てんといそぐ子のため」

日頃、自己中心にしか生きていない私たち人間・凡夫の悲しい実態をお見通しの上で、その悲しみをこそ救いたいと願い立たれているのが如来さまです。「我が身の真の姿に気付けよ、その苦悩の中に如来は来ているぞ。まかせよ、かならず救う」との大智・大悲の喚び声が「ナムアミダブツ」であります。

こういう深い仏教に遇わせていただく身の幸を喜ばずにはおれません。

24　光はかなたから

ある本で、幕末の剣豪千葉周作が若い頃の話を読みました。

周作が、武者修行の旅の途中、今の愛知県三河のある屋敷にお世話になった。その屋敷では、夜になると若い衆たちが、これといった道具もなしに、沢山の貝や魚を取ってくる。尋ねると、潮が引いてできる潮溜《しおだま》りに取り残された魚を手づかみにするとのこと。「よければ、案内いたします」というので、早速出かけることになった。なるほど、潮が引いてできる潮溜りに魚や貝が取り残されていて、面白いように取れる。調子に乗って、沖へ沖へと進んでいくと、しばらくして案内人があわて出した。聞けば、どちらが岸か、沖かがわからなくなったと言う。星を見ようにも、あいにく空は曇っている。松明《たいまつ》を全部つけても、手元は明るくなるが、闇はますます暗くなるばかり。そのとき、周作の耳にかすかに千鳥の鳴く声が聞こえた。それをたよりに何とか岸にたどり着くことができた。宿で若い衆が、口々に周作の勘のよさを賞めていると、話を聞いていた屋敷の主人が突然怒り出した。「長年浜辺に住みながら、お前たちは何と馬鹿者揃いか。今夜は幸い千鳥が鳴いたからいいようなものの、鳴かなかったらどうなる？　そんな時には、まず松明を消すんだ。なのに、松明を全部つけたという。あきれ果てた馬鹿どもだ。よく考えてみろ。松明をつけても、足元が明るくなるだけで、遠くはますます暗くなる。そんなときには、松明を全部消せば、どんな闇夜でも、あるかないかの光に目が慣れて、沖と岸との見分けくらいは、自然とつくものだ。」

これを聞いた周作は、目の覚める思いがしたということです。

現代の科学文明そのものの「光」は、たしかに大したものです。しかし、その科学技術で便利な人殺し道具を造りあい、争いばかりしている人間は自己の本性を知りません。闇の中にいるのです。一度手元の「松明」を消して、かなたからの仏の智慧・慈悲の光を仰がねば、人類は人間業の潮に呑み込まれてしまうでしょう。

「慈光はるかにかぶらしめ　ひかりのいたるところには　法喜をうとぞのべたまふ大安慰を帰命せよ」（浄土和讃）と親鸞聖人は教えられています。人知を超えた「はるかなる光」に遇うほかありません。

25　いろは歌の教え

「色《いろ》は匂《にほ》へど散《ち》りぬるを我《わ》が世《よ》誰《たれ》ぞ常《つね》ならむ」（諸行無常《しょぎょうむじょう》・是生滅法《ぜしょうめっぽう》）という声がどこからともなく聞こえる。雪山童子《せっせんどうじ》は、「これはすばらしい真理の言葉だ」と喜んだが、この後を聞きたいと思う。だがそこには羅刹《らせつ》（人食い鬼）がいるだけ。続きを聞かせてと頼むが「わしは腹が減っている。お前がわしの餌食になるのなら、聞かせてやろう」という。「わかりました」と答えると、羅刹は続きの言葉を歌う。「有為《うゐ》の奥山今日越《おくやまけふこ》えて、浅《あさ》き夢見《ゆめみ》じ酔《ゑ》ひもせず」（生滅滅已《しょうめつめつい》・寂滅為楽《じゃくめついらく》）

童子は、すぐさまその言葉を木に刻みつけ、「ありがとうございました」と礼を言うと、崖の上から羅刹の口めがけて飛び降りた！その瞬間、羅刹は帝釈天《たいしゃくてん》の姿に戻り、童子を恭しく抱きかかえて、命がけで法を求めた修行者をほめたたえた。その童子こそ実はお釈迦さまの前生《ぜんしょう》であったということ。これは涅槃経《ねはんぎょう》に書かれている有名な説話です。

お釈迦さまは無常の世において涅槃のさとりを説かれ、2月15日に自ら無常の身を示しながら、涅槃常住《ねはんじょうじゅう》（永遠のさとり）の世界にお入りになりました。この「無常から涅槃へ」は仏教徒の最終目標です。

「ぼくは、メダカをかっています。いま、ぼくとままといっしょうけんめいそだてているのですが、いっしょうぼくたちといっしょにいるわけにはいきません。なので、どんなにやさしくしても、どんなにおうえんしても、やがてしんでしまいます。メダカたちも、もう3さいなので2ひきしんでしまいました。かなしいです」

（1ねんせい　たいがより　おじいちゃんへ）

こういう新鮮な感覚でいのちの無常にふれている子どもたちこそ、「いろは歌の教え」を聞き、無常から涅槃への人生を生きていってほしいものです。

26　デイサービスのこころ

先般、丸岡町に住む96才の女性ＴＳさんから「デーサービス」と書いた詩が送られてきました。

「朝九時に　迎えにくる車の中で　ナムアミダブツ
施設の中でも　ナムアミダブツ
風呂場でも　ナムアミダブツ
御世話してくださる　スタッフの皆様に
ナムアミダブツが出てくださる
自然に出てくださる　南無阿弥陀仏」

自坊の近くにデイサービスの施設があるので、時折見聞していますが、朝夕の送り迎え、施設内での食事や入浴、娯楽や体操、時には漫談や法話、そして一番大事な人命尊重など、一日中そのお世話は実に大変。職員さん達、気が休まる時もないようです。

だからTSさんは、念仏のこころでそれに感謝されているのですが、他の利用者さんたちはどうでしょうか「召し上がれ　ごはん片手に　飯まだか」というような人にはムリかも知りません。でも皆、大きな介護福祉の恩恵の中。本人も家族も心の底では感謝の念がおありでしょう。

ところで、寺院でする「朝のおつとめ（勤行《ごんぎょう》）」は、英訳すると「モーニング・サービス」です。何よそれ、コーヒー店のメニュー？　と言われそうですが、宗教用語で「サービス」というのは「礼拝」の意味。仏教では「仏さまの智慧と慈悲をお讃えする読経」ということ。したがって「夕べの勤行」は「イーブニング・サービス。では「デイ・サービス」は？…「日中勤行（日中にするおつとめのこと）」となるではないですか！

なるほど、福祉の「デイサービス」は、そのまま仏教でいう「日中のおつとめ」のことなのです。介護をする人も、受ける人も同じように、仏さまにお仕えし、お慈悲をいただく気持で感謝の念仏をするという意味になるのですね。

TSさんの詩のおかげで、このような味わいができました。

27　花の在りか

桜といえば、昔から吉野が有名ですが、ふと思い出すのは、あの頓知で名高い一休禅師のことです。ある山伏が問答をしかけてきました。

山伏「仏法はいずこにありや」
一休「胸三寸にあり」
山伏（小刀を持って）
「しからば拝見いたそう」
一休「年ごとに咲くや吉野の桜花樹を割りてみよ花の在りかを」（『一休骸骨』）

3万本からの桜が山々に咲きほこる吉野は、1300年もの歴史があるそうです。毎年大勢の観光客が訪れ、何ともいえない「桜の山」の風情を楽しむといいます。

しかし、その桜一つ一つの花はどこから咲き出てくるのでしょう。確かに桜の枝からです。でも、その樹の枝や幹を割ってみても、花は見えません。どうしてでしょう。

「花を支える枝　枝を支える幹
　幹を支える根　根は見えねんだなあ」（相田みつを）

との名詩のとおり、根から吸いあげた水、栄養素が樹の中の不思議なはたらきによって、あの桜花となって現われるのです。

仏法もそうです。口に念仏の花が咲く元には、まず私たち存在の根っこに注がれた如来大悲の法水があります。我々は煩悩の大地に生えている木。その木を生かさんと大地に如来の法雨がそそぎ、その法水を吸い上げた根ー幹が、悲喜の煩悩・生きざまという営みの中で、しみじみと法水の栄養に育つ。するとその法水の不思議なはたらきで、「生きている私」が「生かされている私」の喜び感謝となり、口から称名となって出てくださるのだと、独りいただいています。

4月8日は花まつり・お釈迦さまのお誕生日。お釈迦さまも宇宙の真理という法水から咲く花となってお生まれになり、人生苦を超えるおさとりを弘めてくださったのです。

花の在りかは見えなくても、花となって現れてくださる法水を仰ぎましょう。

28　さなぎが脱皮

福井県でも5月後半など夏日のように暑い日があります。そんなとき、通常（冬着）の衣や袈裟をつけて読経していると、汗ばむことしきり、はやく6月の衣替えにならないかと思います。

しかし、衣や袈裟は夏衣《なつえ》となって軽くなりますが、中身はどうでしょう。相変わらず野暮ったい心のまま、娑婆のことに引き回されて、心の「衣替え」はできていません。そんなとき、ふとこんな川柳に出会いました。

衣替え？　さなぎが脱皮　蝶になり　（猫ちゃんマーク）

さなぎが蝶になるのは、子どもにとっても不思議な現象。日曜学校などで時々話題になり、このように話します。「仏教では生物に4種類の生まれ方があると説く。胎生《たいしょう》（哺乳類《ほにゅうるい》などお腹から生まれる）、卵生《らんしょう》（鳥や魚など卵から生まれる）、湿生《しっしょう》（蚊など湿所から生まれる）、そして化生《けしょう》（母胎や卵などからではなく、忽然《こつぜん》・ひょっこりと生まれる）の四生《ししょう》です。」

すると、子どもたちは「さなぎが蝶に突然姿が変わるのは、その化生じゃないですか」といいます。「そう考えてもよいでしょうね。しかし、本当の化生とは、人間が仏さまの不思議な力で浄土の蓮の花の中に生まれることをいうのです。もう人間の姿も心も在《あ》り方もすっかり変わり、仏さまのおさとりと同じになるのですーナフタリンが気化・昇華《しょうか》するように。」

ちょっと話がむずかしくて、子どもたちは「ふーん？」と聞いています。今すぐ分からなくてもよいのです。いつかは思い出すときがありましょう。

軽い夏衣になっても変わらぬ心、重い煩悩の罪を抱えているこの身です。しかしそこに注がれている如来の大悲に包まれて、やがて浄土の蓮華に化生させてもらえるのだと安心して念仏しております。すべて如来さまの御力です。さなぎが脱皮できるのも自然の力なのです。

29 辞められません

「この子たち、もうとても手に負えません。私を辞《や》めさせてください。」と若い女性教師Aに言われて、昇地《しょうち》露子園長は即座に答えます。「先生は辞められるからいいですね。親は辞められませんからね。」この一言で、A先生は奮発し、親の心になって教育に邁進したといいます。

福岡市の社会福祉法人「しいのみ学園」での話。実は昇地三郎（福岡教育大学教授）・露子夫妻の長男は1歳のとき脳性小児マヒにかかり、東京の名医から「治療法なし」と匙を投げられる。帰りの車中、「科学には限界があっても愛情に限界はない。

必ずこの子を歩かせる、一人前にしてみせる」と決意し、先祖伝来の財産を処分して昭和29年（１９５４）知的障害児の施設「しいのみ学園」を設立されました。

児童福祉法のなかった当時、民間でのこういう施設の設立・運営は、たいへん困難。６棟の園舎・生徒12名、職員５名（夫妻、大学での教え子２人と長男＝学園の「小使」）で漸くスタートしました。家元を離れてきた園児たちは当初「落ち込み」、やがて「ケンカ」をする、ケンカをやめた子を「偉いね」とほめ、ついには「勉強」するように導く…などの根気強い教育は実に涙ぐましいもの。その実践記録『しいのみ学園』がベストセラーになり、映画にもなる。その中の一幕のセリフが冒頭の会話なのです。

「親は辞められない」は障害児をもつ親のやるせない本音の言葉！感動のほかありません。こういう親あればこそ子は育ち、救われていくのです。

それにしても、先月「パパママおねがい　ゆるして」とノートに書き残して亡くなった結愛ちゃん（５歳）の事件。涙せずにはおれませんでした。義父・実母からの虐待です。同じ親でも、しいのみ学園の親とは雲泥の差ですね。因みに昇地三郎先生は幼少から正信偈を唱えて育ったとのこと。今こそ「仏法ひろまれ」と念ずるばかりです。

30　蟬も聞く

〝鐘一つ響くやとよもす蟬しぐれ〟

暑かった一日も夕暮れをむかえ、入相の鐘つきに鐘楼にのぼると、周りの木々から蟬の声が聞こえてくる…短いいのち、今日一日のいのちを惜しむかのようだ。合掌・念仏して撞木を引き、第一鐘を打つ。「ゴーン」と響きが四方に広がった瞬間、「ミーン、ミーン」と先ほどの蟬たちが一斉に声高く鳴き始めるではないか。まさに「蟬しぐれ」…蟬の合唱が始まったのでした。

鐘の音は「正覚《しょうがく》大音《だいおん》響流《こうる》十方《じっぽう》」（仏のさとりの大音が、あらゆる世界に響き流れてゆく）と言われている、その仏の呼び声を蟬も聞いていたのでした。嬉しくなって、へボ句をもうひとつ。

〝晩鐘に和し鳴く蟬らの念仏《ねぶっ》かな〟

そうだ、あの蟬しぐれは、仏のお徳を讃える念仏の声、その高まりだったのだ。この晩鐘を耳にされる人々よ、どうぞお念仏一声なりともしてください、こう念じつつ、心豊かに念仏しながら十一撞を打ち終えます。さて、明日はどうだろう？　するとまたこの「蟬しぐれ念仏」が毎日のように続きます。山寺に住む身の幸せを実感しました。

曇鸞大師というお方が『荘子《そうじ》』の言を引かれて「蟬は春・秋を知らない。だから夏だということも知らない」と言われています。夏の間、七日ほどしか地上に生きられない蟬は、今の時期を生きているだけで、その時期が「夏」だということさえも知らない。同様に、迷いの境界にいる我々人間凡夫は、迷いにいるとも知らず、ましてや仏のさとりの世界は知ることができないのだ。だからこそ念仏あるのみと、厳しく諭されたお言葉です。「まよい」の境界にいるこの身の闇をよく知れよ。その闇を「さとり」の光で破り、摂《おさ》め取ってくださるのがお念仏なのだ、との大師の教え。「蝉の念仏」のおかげで味わわせていただきました。

白亳会教化誌 群萌 への寄稿

《創作シナリオ》

― 長生不死の神方《じんぽう》（上）

（ここ北魏の都洛陽《らくよう》、永寧寺《えいねいじ》の門前を大勢の人が行き交っている）

男1 あれっ、向うから大きな笈《おい》づるを背負ってお坊さんがやってくる、誰だろう、ちょっと見覚えがあるが。

男2 どれ。あゝ、ありゃ曇鸞《どんらん》さんじゃ。たしか三年前、ここを通って南の方へ行かれたのをわしゃ知ってるぞ。なんでも不老長寿の薬を探しにいくとかいってな。

男1 しかし、坊さんが不老長寿をほしがるなんて、おかしな話しだな。

男2 いや、なんでも『大集経《だいじっきょう》』とかいう六十巻もあるお経を勉強しておられたら病気になってしまわれた。身体が弱くてはいい仕事はできない。まずは健康だということで、陶隠居《とういんきょ》とかいう仙人を訪ねていかれたと聞いたぜ。

男1　へえ、よく知ってるな。して、その陶隠居っていうのはどこにいるんだい。

男2　それがな、内緒だが、今この国と戦をしている梁の国の人だそうだ。

男1　そんな敵の国に入っていったら捕まってしまうんじゃない？

男2　それがよう、ああして戻ってこられたところをみると、大丈夫だったということだろうよ。

男1　あれあれ、曇鸞さんがお寺の中へ入っていくぞ。何だろう。永寧寺でお経を訳しておられる菩提流支三蔵さまに会いにいかれるのかなぁ。

男2　一休みするためかも知れん。ともかく後をついて行ってみようや。

（曇鸞が永寧寺の門番にきく）

曇鸞　ちょっとお尋ね申す。拙僧は北魏の曇鸞と申す僧だが、菩提流支三蔵《ぼだいるしさんぞう》にお目にかかれましょうかな。

門番　へい、三蔵さまはつい先ほど訳経場からお戻りになられたところ、庭先で休んでおられます。こちらへどうぞ。

（二人は寺の中庭の縁先にいる三蔵の所へ）

門番　三蔵さま、曇鸞さまというお方をおつれもうしました。

曇鸞　ご免くだされ。初めてお目にかかります拙僧は曇鸞と申すものにござる。今ちょうど江南《こうなん》からの帰途で、貴僧の令名はかねて聞き及んでおりましたが、都に近づくにつれいよいよその名声は高く、一度お目にかかりたくて参った次第でござる。何とぞよろしうお頼み申す。

流支　これはこれは曇鸞どの、ようこそお訪ね下さった。貴僧のお噂こそ度々伺っておるところ。して江南とはどちらへ参られましたかな。

曇鸞　茅山《ぼうざん》の陶弘景《とうこうけい》大仙の許《もと》で「長生不死」の仙術を修めてまいり申した。

流支　長生不死の仙術とな？　それはまたいかなることで？

曇鸞　仏道を学ぶにも、命がなければ所願も果しえませぬ。幸いにも拙僧は陶大仙よりこの『衆醮儀《しゅしょうぎ》』十巻を伝授され申した。
　もうこれでいのちの不安はない。いかなる仏経もこの仙経に勝るものはござりますまい！

流支　えっ！　何とおっしゃる曇鸞どの。血迷ったことを申されるな。どれだけ長生きしたとて何百年とは生きられぬ。しかるに安楽国に生まれれば無量の寿《いのち》を得られるのですぞ！

曇鸞　なに、「安楽国」とは？

流支　やはりご存知なかったか。これです。
　今ちょうど訳し終わったところ。ほら、ご覧なされ。

（『浄土論』を読み始めた曇鸞は急に紅潮する）

「世尊我一心　帰命尽十方
無碍光如来　願生安楽国」

曇鸞　「世尊よ、我一心に　尽十方の無碍光如来に帰命し　安楽国に生まれんと願いたてまつる」…おゝ、何という熾烈《しれつ》な信仰、何と潔《いさぎよ》い表白！　一体誰がこの『浄土論』を書かれたのでありますか。

流支　天親《てんじん》菩薩でござる。あの有名な龍樹《りゅうじゅ》菩薩に次《つ》いでインドに出られた勝れた論師《ろんじ》で瑜伽唯識《ゆがゆいしき》を大成なされた方。ご存知ありませんかのう。

（続く）

2　長生不死の神方（下）

流支　天親菩薩をご存知ありませんかのう。

曇鸞　いや、インドの龍樹菩薩は三百年も昔の方であり、拙僧の学んだ『中論《ちゅうろん》』、『十二門論』、『大智度論《だいちどろん》』などをお書きになられたお方だから、これはよくよく承知しておるが、天親という名はまだ聞いていない。していつごろのお方で？

流支　天親菩薩は世親《せしん》ともいい、今から百年ほど前にインドで活躍なされた方だが、論師《ろんじ》の書がここ中国へ伝わってからの年数はまだ浅く、ご存知ないのも無理はない。私が初めて天親菩薩を知ったのは今から二十年前、論師の『十地《じゅうじ》経論《きょうろん》』を訳したときでござる。今度この『浄土論』、詳しくは『無量寿経《むりょうじゅきょう》優婆提舎願生偈《うばだいしゃがんしょうげ》』を訳したのが二回目。今ちょうどこれを訳し終わったので、次には、同じく世親菩薩の『勝思惟梵天所問経論《しょうしいぼんてんしょもんきょうろん》』の訳にとりかかろうとしておりますのじゃ。

だが、世親菩薩の著書の中でこの『浄土論』は随一、阿弥陀仏のお浄土のことが詳しく書かれており、願生の気持が溢れておる。私も訳しながら感動を覚えたこと甚だしい。

曇鸞　たしかに、これはただならぬ論書、とても庭先で読めるものではござらん。いかがでござろう、二、三日お貸し下さる訳にはまいりますまいか。

流支　うむ、これはまだ初訳の原本でござるが…でもそれほどご執心なれば、お貸し申そう。くれぐれも大切に扱って下され。

曇鸞　これは忝《かたじけな》い。では暫くお預かり申す。さらばごめん下され。

（数日後、再び永寧寺で曇鸞が流支と対面。借りた『浄土論』を返しながら…）

曇鸞　分かり申しました、三蔵どの、安楽浄土の荘厳《しょうごん》の謂《いわ》れが。皆これ「彼の無量寿仏国土の荘厳は第一義諦《だいいちぎたい》の妙境界相《みょうきょうがいそう》」と書いてある。浄土の荘厳は阿弥陀仏のおさとりの不思議な顕《あらわ》れ、また彼の仏国の国土—仏—菩薩の荘厳はみな阿弥陀仏の「願心荘厳《がんしんしょうごん》」だという。

如来のおさとりが衆生救済の願心となってくださっているということでありましょう。だから「智慧・慈悲・方便は般若を摂《せっ》す。般若は方便を摂す」という。拙僧がこれまで学んできた「般若」がこうして阿弥陀如来の願心、衆生救済の善巧方便《ぜんぎょうほうべん》と顕れてくださるということ、どすんとわが胸に納まり申した。

流支　そりゃよう深く読み取られましたのう。さすがは曇鸞どのだ。しかも、その安楽浄土へ生まれるには如来を礼拝し、如来のみ名を称えて讃嘆し、安楽国に往生したいと作願し、彼の浄土の荘厳を観察し、諸々の苦悩の衆生に思いを致し、共に往生せんと廻向する、この五念門《ごねんもん》を修行するのみでよいとありましたな。

曇鸞　さよう。そうすれば自利利他円満《じりりたえんまん》して、速やかに阿耨多羅三藐三菩提《あのくたらさんみゃくさんぼだい》のさとりを得られると。

流支　しかも、そのさとりは、生死の薗《その》、煩悩の林に遊戯《ゆげ》し、苦悩の衆生を救う大慈悲の行に出るというさとりでしたのう。

曇鸞　確かに。この安楽国に生まれる―これこそ真の長生不死の神方《じんぽう》。あゝ我は何と愚かだったことか！もらってきたこの仙経はもう無用だ！

（仙経をそこで焼き捨てる）

流支　あっ、何をなさる！

曇鸞　いや、三蔵どの、まことに有難いご指南をいただき、御礼の言葉もござらん。ただこれからは、ひたすら西方を願生し、このすばらしい『浄土論』を註釈して世の人々に願生を勧め、もってご恩報謝といたしたいと存ずる次第でござる。

尊い仏縁に遇えて、心から感謝申し上げるのみ。
南無阿弥陀仏、南無阿弥陀仏。

3　「隧道」に想う

先日敦賀へいく用事ができ、初めて木の芽峠トンネルを通って今庄から敦賀へ抜けてみた。実に早い。いい近道だった。この一・七㎞のトンネル（隧道《ずいどう》）のお陰で、昔親鸞聖人や道元禅師、蓮如上人が難儀をして越えられた険しい木の芽峠の山坂の真下をわずか数分で通り抜けられたのである。さらにこのトンネルの下にはまた一三・八

kmの長大な北陸トンネルがあって、毎日百数十本の列車を通している。まさに北陸・日本海沿岸・北海道と関西・中部を結ぶ大動脈である。出来てしまえば当り前にして通過しているが、もしこういうトンネルがなかったら？　…と考えれば、その隧道・近道のはたらきたるや、言うも愚かであろう。

快適ドライブのハンドルを握りながら、ふと親鸞聖人の「愚鈍《ぐどん》往《ゆ》き易《やす》き捷径《せっけい》」（教行信証の総序）というお言葉が思い浮かぶ。お念仏の道は、我われ愚鈍な凡夫が往生・成仏できる「捷径」（近道）だといわれている。そうだ、この「トンネル」のことだ、と想う。

調べてみると、教行信証の中に「道」という字は三一二回使われていて、いろんな熟語になっている。大別すると、次の三部類になろう。①「世間道」「凡夫道」「三悪《さんまく》道《どう》」「六道」等という「迷い」の状態、②「無上正真道《むじょうしょうしんどう》」「（涅槃）無上道」「仏道」等という「おさとり」の境界、そして③は、①の「迷い」から②の「さとり」に至る道であり、これに二種類ある。

(1)「出世間道《しゅっせけんどう》」「聖道《しょうどう》」「難行道《なんぎょうどう》」といわれ、煩悩を断ってさとりを得る、そのために極めて厳しい修行を要する道。しかし、生涯、欲やら腹立ち、愚痴などの煩悩と一体になっている我われ凡夫には不可能な道である。迷い（煩悩）とさとりの間にある絶壁を越えることは至難の極み。あぁ、凡夫とは地獄一定《いちじょう》でしかない！

(2)しかし、そこに如来の本願が立ち上がってくださった。「如来はいのちをかけても十方の衆生をさとりの国に到《いた》らせたい。この如来の誓願を信じて念仏申せ、必ず救う」と誓われて、念仏成仏の道を完成してくださった。いわば、煩悩という大山・絶壁のど真ん中に「南無阿弥陀仏」というトンネルを掘ってくださったのである。迷いの境界からおさとりの境界に往還できる最短の「近道」である。「愚鈍往き易き捷径《せっけい》」「易往《いおう》の大道」といわれるのはそのことであり、その速さから「疾《と》く（速く）無上《むじょう》正真道《しょうしんどう》を超証《ちょうしょう》する故に横超《おうちょう》という」、「極速円融《ごくそくえんにゅう》の白道《びゃくどう》」といわれる。また「最勝の直道《じきどう》」「本願一実《いちじつ》の直道」という「直」の字にも味わいがある。

そして今特に思いあわされるのが善導大師のお譬え、二河白道《にがびゃくどう》である。山と河で違うようだが、トンネルの譬えと合うところがある。まず形状的に白道の幅は四、五寸と狭い。トンネルも幅は広くない。細いけれどもこの一道あればこその救いである。さらに、白道も貪欲《むさぼり》と瞋恚《いかり》の二河の間、人間一生の煩悩を貫いて、行者を渡らせる念仏の道であった。トンネルの「捷径」も煩悩の大山を貫いていると味わえる。ここが一番ありがたい。

如来の本願名号、南無阿弥陀仏は、煩悩の日暮しかできない私のその中にこそはたらいていてくださるのである。「円融至徳《えんにゅうしとく》の嘉号《かごう》（お念仏）は悪を転じて徳を成す智慧なのだ。煩悩と無常に泣いていかねばならぬこの身に、「南無阿弥陀仏」と如来のお喚び声を聞けば、「不断煩悩得涅槃《ぼんのうをだんぜずしてねはんをう》」、煩悩のこの身のまま涅槃の世界に直《じき》入《にゅう》させていただけるとは、なんと勿体《もったい》ない、ありがたいことよ、ナンマンダブと、「愚痴が感謝に変わる智慧」がいただける。それが「本願一実の直道」であり、凡夫が仏に成る・さとりを得るのに、これ以上の近道・捷径はないのである。

今一つ。トンネルは数年で掘削できよう。だが念仏の「捷径」成就には法蔵菩薩さまの五劫、永劫のご苦労があったのだ。何という仏恩の深重さよ。

4　究極の依りどころ

「人にはどれだけの土地が必要か」という、トルストイの書いた寓話があります。

　貧しい小作人が、苦労してわずかの土地を買い、暮し向きも少しよくなった。するど、もっと、もっとと、現状に飽き足らなくなる。そこへある日、旅商人に「僅かな金で広大な土地が得られる村がある」と教わりそこへ行く。「一日中ぐるりと歩きまわって同じ場所に戻ってくれば、囲んできただけの土地はお前のものになる。だが、日没までに戻れないと、すべてを失う」といわれたその男、日が昇ると夢中になって歩きだす…気づいた時は、日がもうだいぶん西に傾いている。さあ　大変…と渾身の力をこめてひた走りに走り、日没の時、息も絶え絶えにやっと出発点にゴールイン。「よーし、望んだだけの土地はお前のものだ！」

と村長が叫んだとき、男は絶命した。やむなく従者が彼の遺体を土に埋める。結局彼に必要だった土地は、その墓穴の広さだけであった。

何と皮肉な話でしょう。欲に惑わされた愚かな人間の姿を、この文豪は巧みに描いています。そして我われに問いかけているのです「あなたは何を求めて生きているのですか？あなたの究極の依《よ》りどころは何ですか？」と。

ある新聞へ八十二歳の老人が次のような投書をしたそうです。「自分は何のために生きているのだろう？　まわりの人に聞いてみてもはっきり答がかえってこない。ただ何となくとか、子のために生きているというのもあるが、どうもはっきりしない。人間に天与の使命があるのかもわからぬが、それもはっきりしない。どなたか教えてほしい。人間は何のために生きるのか」と。

世間の人々はみなちゃんとした目的をもって生きているように見えます。スーパーマーケットで買い物をしている人々、列車に乗っている人々、道路を走っている車また車、みな何かの目的で動いているはずです。生計をたてるため、人との義理を果たすため、人生を楽しむため…等々と。それはそれでいいのでしょう。
しかし、先の老人のように、そういう一生をやがて終わろうとするとき、さて、今までのあくせくは何のためであったのか？この先は何を目的に生きていけばいいのだろう？　と
人生究極の目的が問題になってくるのです。

同じ老人でもこういう方がおられました。

タダイマノ死ガ　イタダケルヒトヨ
ソノヒトニハ　生キテイル
ヨロコビガ　アル

…竹部勝之進詩集『はだか』より

竹部さんは深く仏法を喜んでおられました。「タダイマノ死ガ　イタダケル人」とは、生死の問題の解決ができた人です。我われのいのちも「お与え」ならば、死もま

た「お与え」。この道理が明らかになった人、それが明らかになる光に遇われた人。生きているときも、死ぬときも、「如来のまことを信じて、よりかかれ、よりたのめ」とのお喚び声に安心できている人、「畢竟依《ひっきょうえ》」（究極の依りどころ）をいただいておられる人です。

清浄光明ならびなし　　遇斯光《(一)ぐしこう》のゆゑなれば
一切の業繫《(二)ごうけ》ものぞこりぬ　　畢竟依を帰命せよ
〈浄土和讃〉

（注　(一) 斯《こ》の光に遇う　(二) 業《ごう》に繫《しば》られる）

と親鸞聖人のおすすめどおり、やはり仏の光に遇うことが先決です。仏法の光に遇わなければ、畢竟依（阿弥陀仏）に帰命することはできません。仏法を聞いてはじめて、この世から未来へかけての究極の依りどころが明らかになるのであります。

5　見えないところで

今年の初夏のこと。「水道の使用量が異常に上がっています。漏水の可能性がありますので、早急に点検してください」と、市の水道課から連絡を受けた。すぐに水道業者に来てもらって調べてもらうが、地表ではどこにも漏水がみつからない。しかし、水道メーターのコマはたしかに回っている。どこか地下で水道管が破損して、そこから漏れているに違いない…しかし、どこなのか、何人もの水道屋さんがきて探すがなかなか漏水箇所がわからない。ようやく、二十年ほど前に工事した人がきて、その箇所を掘り当てて、やっと一件落着。それまでの二週間、「見えないところで漏れている」問題にほとほと困った。

そのときふと「有漏《うろ》の穢身《えしん》」という仏語が思い出された。「有漏」とは煩悩のことである。煩悩は六瘡門《ろくそうもん》（眼・耳・鼻・口・大小便道）から流れ出ると考えられるので「漏」というのだそうだ。この煩悩に穢《けが》れているものが我われ凡夫であり、「有漏の穢身」である。(因《ちな》みに、煩悩・迷いと縁切りができたのが「無漏清浄の仏身」である。)

そして問題は、その「漏」(煩悩)が「見えない」ときが、一番やっかいである。欲も怒りも愚痴も、自分で意識しているときは、まだ何とか抑えることもできよう、カムフラージュすることも可能であろう。しかし、自分にわからないところでその煩悩が漏れ出しているときには、もう対処できない。垂れ流しだ。

数年前、インドに再度仏跡巡拝をしたときのこと。弟も同行した。兄弟なのでホテルでは自然、彼と同室になった。そこで問題。弟はいびきが強いのである。こちらはなかなか寝つかれないのに、ゴーゴーと大きないびきをかかれたらたまったものではない。蹴飛ばしてやりたい衝動にさえ駆られる。

そこで翌朝、「お前のいびきにはまいったよ」と苦情をいった。途端、「兄ちゃんのいびきも大きかったよ」とやり返されて愕然とする。「えっ、俺がいびきかいたって?」自分ではいびきなどかかないと思い込んでいたのに!少しも気付いていなかったが、とがっくり、意気消沈。

「少しも気付いていない」そこが問題だったのだ。気付かずに、見えないところで、どれだけの煩悩、悪業を垂れ流して、どれだけ人様に迷惑をかけていることやら。体臭、老臭なども同じく身体から出る「漏」。しゃべり癖、考え癖も人それぞれにあり、波長の合わない人にはたまらないであろう。

いつぞや踏切で止められ、三つの列車の通過を待たされ、頭にきたことがある。そのときふと思った。もし自分自身が列車に乗っていたなら、踏切で待っている人のことを髪の毛ほどでも思っているであろうかと。

人間凡夫は、無意識に有漏であり、忘恩であり、自己中心的である。この事実に眼を覚まされたとき、ただもう、「無慚無愧《むざんむぎ》のこの身」「救われざる凡夫の我」「いづれの行もおよびがたき身なればとても地獄は一定《いちじょう》すみかぞかし」と頭が下がらざるをえない。

如来の本願はこういう救われざる凡夫にかけられているのである。有漏《うろ》の穢身《えしん》を変えられない者に如来の大慈悲・超世の悲願がかけられているのである。さあどうする？

「さいちがくせには　つみのさんだん
つみのさんだんするではないが
つみをとられた　ご恩よろこび
ざんぎよろこび　なむあみだぶつ」

妙好人才市《さいち》さんは、罪（有漏）の凡夫がそのまま如来に摂《と》られていくことを、慚愧しながら歓喜し、ただ念仏したのである。

「超世《ちょうせ》の悲願ききしより
われらは生死の凡夫かは
有漏《うろ》の穢身《えしん》はかはらねど
こころは浄土にあそぶなり」（親鸞　帖外和讃）

6　視　点

お同行の方で、昆虫や山野草などの珍しい生態を上手に接写し、それに俳句をつけたメールを送ってくださるT氏がおられる。見ていると「いのち」の脈動が伝わってくるようで、元気が出る。生物や植物の姿は、平生眺めてはいるが、そういう生き生きしたいのちの動きまでは観察していない。T氏のカメラアングルはどこか常人とは違う、視点が違っていることに、いつも感心している。

そこで「視点」ということについてふと考えさせられた。物事を普通の眼で見る①通常の視点の他に、うんと接写し、その細部に深く立ち入る②ミクロ的視点、そしてまた、事態を遠く離してみる③マクロ的視点もある。

たとえば今冷凍食品の毒物混入事件で大騒ぎをしているが、包装の内外を精密に検査するのは②の視点である。通常、原因究明、責任追及、今後の予防・対策論議などは、①と②の視点で行われることが多い。

しかし、こういう問題を、その事態そのものから少し眼を離し、距離をおいてみる。食料の自給率、日中関係、人間の食文化史など、広い観点からの見方、③のマクロ的視点もあろう。そうすると事のもつ意味合いが変わってくるのではなかろうか。

こういう③の視点に相当するのが仏教でいう「天眼通《てんげんつう》」である。『観無量寿経』で釈尊が、苦悩に呻吟《しんぎん》している韋提希夫人《いだいけぶにん》に対して「そなたは愚かな人間で、力が劣っており、まだ天眼通を得ていないから、はるか遠くを見とおすことができない」と諭《さと》されている。今、クーデターを起して父王を牢獄に監禁し、われ母妃《ぼひ》をも殺そうとしたわが子・「悪子《あくし》」の暴虐に動顛《どうてん》し泣き叫んでいる韋提希が、目前のこの大問題に振り回されているのは、仕方のないことである。

しかし、釈尊はさとりの視点からこの事態を「遠観《おんかん》」される。すると、この悲劇の因縁（子宝を求める我執・自己中心主義の余り仙人を殺害した報い、等）が鏡に映るように見えてくる。その凡夫の愚かさが何ともいたましい。この凡夫が救われるのは極楽世界しかない。こう思召《おぼしめ》された釈尊は、韋提希に浄土を見せしめられ、阿弥陀仏を拝ませられて、この極楽浄土に生まれるには「無量寿仏のみ名をたもて」と教えを結ばれたのである。

雨だ、雪だという地上の天候は、我々にとって毎日気になることではあるが、遠く地球の外から雲の動きを観測している気象衛星からみれば、ごく自然な現象でしかない。新聞記事はどれも当事者にとっては大問題であろうが、仏の眼・天眼《てんげん》から見れば、全く人間業《ごう》の織りなす地獄絵図、五濁悪世の妄像でしかないであろう。

健康第一だ、それには歩くのがいい、いやガン告知された、大変だ、放射線治療だ、手術だ…と、わがいのち、家族のいのちになると大騒ぎをする。当然だ。私もそうする。しかし、目を離してみると、すべては生老病死・無常の現象でしかない。人間一人の一生、八十年であろうと、百年であろうと、大河のような大きないのちの流れからみたら、泡ぶく一つにもならない。

このようなことをいうと、虚無主義者かと疑われるかもしれないが、そういう「遠観」という視点があることを、仏教は教えている。仏のさとり、智慧の境界からの視点である。「ナムアミダブツ」というのも、その視点からの喚び声に他ならない。目先のことにのみ焦点を合わせている愚かさ、日常性の迷妄（まよい）に気付かせる光である。「遠観」のあることを教える声である。

唯識では「一水四見《いっすいしけん》」という。人間にとっての水が、天人にとっては歩いていける瑠璃《るり》の地面であり、魚にとっては己《おのれ》の棲家《すみか》、餓鬼にとては炎の燃え盛る膿《うみ》の流れだという。

さあ、どの視点に立つか？　写真一枚から視点の大切さを教わった次第である。

7　用語から見た親鸞教義の特色

最近はお経や聖典などがコンピュータでもすぐ参照できるようになり、私などはよく利用していて、その恩恵に浴している。コンピュータを使えば、どの文字がどこに、何回使ってあるかなど、すぐに分かる。

先般、ふと思いついて親鸞聖人と法然上人との用語について調べてみた。法然上人の主著『選択本願念仏集』は阿弥陀仏の選択本願の行である念仏についての経釈の要《よう》文《もん》を「集」めたものであるから、当然、引用文が多いのであるが、法然上人ご自身の言葉・「私釈」の部分もある。同じように親鸞聖人の主著『顕浄土真実教行証文類』も多くの経典や論・釈文の引用が大部分を占めている（だから「文類《もんるい》」なのである）が、そこには聖人のご「自釈」もあって、聖人ご自身のご信境が窺える。

聖人の教義の要《かなめ》を「本願を信じ念仏を申せば、迷いの凡夫が、この世から正定聚（現生での救い）に入り、（臨終にはたちまち）浄土に往生して大般《だいはつ》涅槃を証《さと》る（仏に成る）、しかもまたこの世に還相して衆生を救うはたらきを与えられる。これらはすべて弥陀の誓願不思議によるものである」といただいてみて、その主要な語句（傍線）について両聖人の使用回数を調べてみた結果が次頁の表である。比較すると面白い。

法然上人の教えは「ただ念仏して弥陀にたすけられまゐらすべし」である。つまり

法然と親鸞の用語比較

用　語	①法然	②親鸞
「本　願」系７語	17.3	26.7
「信　心」系７語	3.5	35.9
「念　仏」系６語	60.9	20.2
「凡　夫」系20語	9.5	30.3
「正定聚」系７語	0	4.1
「浄　土」系11語	30.3	29.4
「往　生」系３語	45.6	19.3
「涅　槃」系11語	4.9	16.5
「還　相」系３語	0	9.2
「不思議」系３語	0.4	7.4

①『選択集』中の法然私釈分
②『教行信証』中の親鸞自釈分
…いずれも『浄土真宗聖典・第二版/七祖篇』による調査。①②とも総字数に対する各用語系の使用率（％×100）

「念仏すれば浄土に往生する」という教義の根幹が、それぞれの用語の多さからわかる。中でも「念仏」の使用度数が目だって多いのは、あれもこれもの行（諸行）から、念仏ひとつ（専修念仏）を独立させられた上人としては当然であろう。

親鸞聖人はその師意をさらに深くさぐって、その念仏往生を可能にするものこそ如来の本願に他ならないことを顕《あら》わされ、その本願を「信ずる」こと（信心）が肝要であることを強調されている。

そして今ひとつ用語頻度の上で特記すべきことは、法然上人は往生に焦点を当てておられるが、親鸞聖人は往生すれば即「涅槃を得る」（無上覚をさとる・真如法性の身を証す・仏に成る）ということを明確にされていることである。

使用頻度はそんなに多くはないが、親鸞聖人には現生からの救い・摂取不捨（正定聚）の思想、そして、浄土に往生してもまた娑婆に還ってきて有縁無縁の衆生を救う還相回向の思想が見られる（法然上人には現われていない）点にも注意したい。

そして、このように現在・当来にわたって救われていくのは「いづれの行も及びがたき身なればとても地獄は一定すみかぞかし」の罪深い、迷いの凡夫・我一人に他ならない、この凡夫に如来の悲願がかかっていましたのか！という機の深信《じんしん》が聖人の用語上にも現れている。「凡夫が仏に成る」とはまったく「弥陀の誓願不思議」。この

「不思議」思想も親鸞聖人の信境の特色である。
(傍線の語の頻度率を表でよく比較参照し、味わって下さい)

弥陀の本願 信ずべし
本願信ずるひとはみな
摂取不捨の利益にて
無上覚をばさとるなり (正像末和讃)

8 南無母《おも》の歌

ややややに足を伸ぶれば
母《たらちね》が腿《もも》のあたりか
ぬくぬくし児《ころ》が蹠《あなうら》
「ちぢに鳴く

田の蛙《かはづ》めは
母《おも》よ何」
「彼こそは法蔵比丘《はうぞうびく》よ
おぼろ夜に
村の人どち寝《やす》むまも
思ひ砕《くだ》かす菩薩どち　なれ」
黒田沐山居《もくさんきょ》『かはづ抄　―南無母《おも》の歌』より

「母さんと寝床に入り、寝物語を聞きながら、だんだん足を延ばしていくと、足の裏が母さんの 腿のあたりにふれてとても温かい」

遠い昔の母の思い出を詠ったこの詩は、松原祐善先生の「南無母《おも》の歌」（『講座親鸞の思想2』「法蔵菩薩と阿弥陀仏」）に紹介されているもので、昨年（平成二十年）十一月三日、前坊守一周忌で佛木《ほてぎ》道宗師のご法話で聞いたものです。

「母さん、田んぼでがぁがぁ鳴いているあの蛙は何？」「あれは法蔵比丘だよ。おぼろ月夜に、村の人々の休んでいる間も、みんなのために心砕いて思いをかけていてくださる菩薩さまだよ」

〝生涯を田作りの労働に生きる百姓の生活　(煩悩の泥田を離れられない我々凡夫の日暮し) に、わが久遠のみ親は泥の田に両手をついて伏している蛙のように、大地にひざまずき、「どうか無明の夜の深い眠りより覚めてくれよ」と、ついに南無の座を離れられないのであります〟と松原先生は読みこなしておられます。

黒田沐山居 (本名悌一) 氏は、松原先生と同郷、大野市の出身で、慶応大学で漢文学を学び、暫くは郷里で製糸の家業に勤しみ財を成しますが、福井震災後心機一転、元から志していた詩の本懐に立ち戻り、旧い中国の詩を千篇ほども訳し (『ふうてんわが寒山詩集』など)、また『まそほ　諸天のうた』や『挽歌　やまばと』などの詩作に専念された方です。

「季《すえ》っ子の私は兄姉のだれよりも年たけるまで添い寝をしてもらったせいか、寝物語りの法話をわりあいによく憶えている。ことに法蔵比丘の話など、彼女の念持仏阿弥陀の本生譚《ばなし》ゆえ、いく夜となく繰りかえし聴かされたにちがいないが、母とてまたよく詩情ゆたかに、つねに清新に語ってくれた。そしてその雄大な誓願には、いまだブツならずビクという特殊な語感もてつだい、より身ぢかに英雄を観じ得て、いよいよ童心をふくらませた」と黒田氏自身、かはずの詩を解説しています。

堀口大学氏が黒田氏を評して「詩の筋目は、杜甫と芭蕉を掘り下げた、深所にまで及んでいる。原質は永久回帰だとにらんだが、ご当人は親鸞の横超を頼むと言われる」とのこと。「親鸞の横超をたのむ」という沐山居のこの信念、これは正に母の法蔵比丘の寝物語の結晶にちがいありません。

そして、子供に生き生きとした法蔵比丘の話をして聞かせることができた彼のお母さんの仏法のふところは何と豊かであったことか。田の中を這い回るような生活の中で、どうして、どこからその仏法を聞いてきたのでしょう。

それにはお寺での聞法、お講さまや報恩講での説教など、浄土真宗の信仰厚い奥越の風土を抜きにしては考えられません。田の草をとりながら、這い蹲《つくば》っている蛙をみながら、法蔵比丘のご苦労を偲ぶという、生活に密着して仏法を聞いていかれたにちがいありません。

わが子に寝物語で仏法を聞かせることのできる母親、子殺しの母親続出の今日、砂漠の中のオアシスというべきでしょう。

9　死んだらどうなる？（1）

今回は「あなたが死んだらどうなると思いますか？」という、やや聞きにくいアンケートを、ご縁のある方々に試みています。「聞きにくい」というのは、現代日本では「死」という言葉さえ、日常生活ではタブー視され、世はすべて「生」のみであるかのように思っているような風潮が著しいからです。

特に、父母や祖父母と離れて、核家族で生活をしておいでの若い世代、その子どもさんたちにとっては、「死」などという概念・言葉は、いわば魔物・恐怖でしかないかも知れません。

しかし、死は必ず訪れます、誰にも平等に。人間の死亡率は百パーセント、これほど確かなことはありません。ですから、ドイツなどでは小学校からすでに「死の教科書」があって、死の準備教育がなされているといいます。

わが死をどう受け止めるか、これは早かれ遅かれ、人間なら必ず直面しなければならない問題です。自分自身の死の問題に解決の見通しがついて初めて「生」も安定し充実するものであります。

その意味で、一度自分の死後をどう考えているか、確かめてみたいというので作ってみたのが下記のアンケートです。読者の皆さんも試みに答えを選んでみられてはいかがでしょう。もし選択肢が足りないときは、No.18でご自由に補ってみてください。

そして、できれば回答を無記名で当方にお知らせいただければ幸いです。

次回はこのアンケートの結果を踏まえて、死後の問題を共に考えてみたいと思います。

アンケート（ご協力お願いします）

◎「人間は死んだらどうなるのか」…これはだれもがもつ疑問です。現在、あなたはどう思っておられるか、率直にお答えください。

各Qで、答え1つを選んで○をつけ、（　）欄には文章を書いてください。

Q1　あなたの年齢：（小学生　10代　20代　30代　40代　50代　60代　70代以上）

　　性別：（男　女）

Q2　人間、死んだら、身体（肉体）はどうなると思いますか。

　ア　滅びておしまい

　イ　肉体は一応滅びるが、またどこかで肉体を持って生れる

　ウ　わからない

　エ　その他の意見（　　　　　　　　　　　　　　　　）

Q3　人間、死んだら、身体は滅びるが

ア　霊魂は滅びず、どこかに残る／行く

イ　生涯にやった行いの善悪（業だましい）が次の生の善悪をきめる

ウ　霊魂・業だましいのようなものも肉体と共に全部滅びて、消えて無くなる〈この答え（ウ）を選んだひとは（Q4をとばして）Q5へ〉

エ　わからない

オ　その他の意見（　　　　　　　　　　　　　）

Q4　人間、死んだあと、霊魂・業だましいのようなものは

ア　この世のどこか（家周辺／山／野原／海／空／宇宙／など）に留っている

イ　どの人もみな、天国へ行く

ウ　天国へ行くものと地獄・煉獄に行くものとに分かれる

⇓分かれる理由は？

（a 生前の行いの善し悪し　b 信仰の有無　c 運命　d わからない）

エ　どの人もみな、極楽・浄土へいく
⇓そして（a 仏となっていつまでも極楽に留まる
b またこの世に還ってきて有縁を救う
c どうなるかわからない）

オ　極楽へ行くものと地獄・餓鬼・畜生などの世界に行くものとに分かれる
⇓分かれる理由は？
（a 生前の行いの善し悪し　b 信仰の有無　c 運命　d わからない）

カ　わからない

キ　その他の意見（　　　　　　　　　　　　　　　　）

Q5　「人間、死んだら仏になる」という人がありますが、どう思いますか。

ア　人間は死んでも仏にならない

イ　死体を「ほとけ」というから、死んだら仏だ
ウ　死んだら、煩悩（悪い心）がなくなるから、仏になったといえる
エ　死んだら、仏さまが救ってくださるというから、仏になる
オ　だれでも（善人も悪人も・仏教を信じている人も、信じない人も）同じように仏になれるとは思えない
カ　仏になるとはどういうことかがわからない
キ　その他の意見（　　　　　　　　　　　　）

〈ご協力ありがとうございました〉

10　死んだらどうなる？（2）

―アンケートの結果―

前回のアンケートには、何人もの法友のご協力により、実に多くの有効的な回答が

得られました。その概要を上段のグラフでご覧ください。1〜18の各項目に、灰色（聞法熱心な「聞信グループ（G）」）と白色（「20〜30才代」＝若世代）と黒色（全回答の「総計」）の棒グラフが3本ずつ立っています。

まず総計を見ると、最多の回答は、②「全く分からない」（不知）⑮「如来さまにおまかせ」、⑯「今生の生き方」の三つでした。

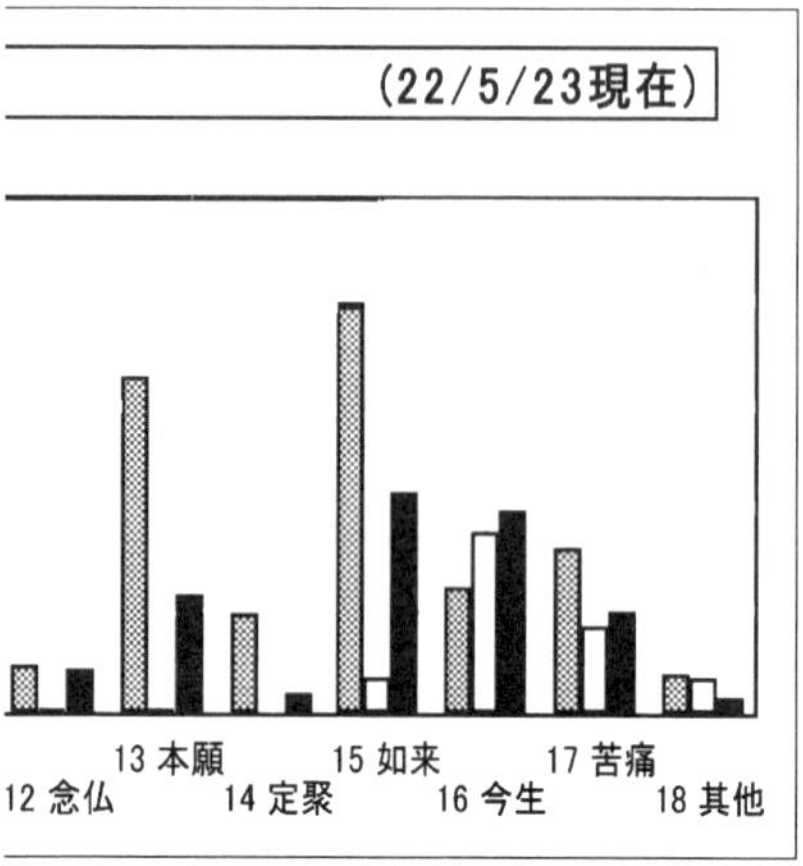

②「不知」は正直な回答だと思います。誰も死後をはっきり実証できる人はいないのですから。特に若世代（白）では一番多い。しかし、分からなくても死は訪れる。だから、死後の問題…宗教が関わってくるのです。

その宗教をも否定するのが③「お骨になっておしまい」という見解ですが、若世代も総計も案外低い。つまり死後何らかの「生」を感じて

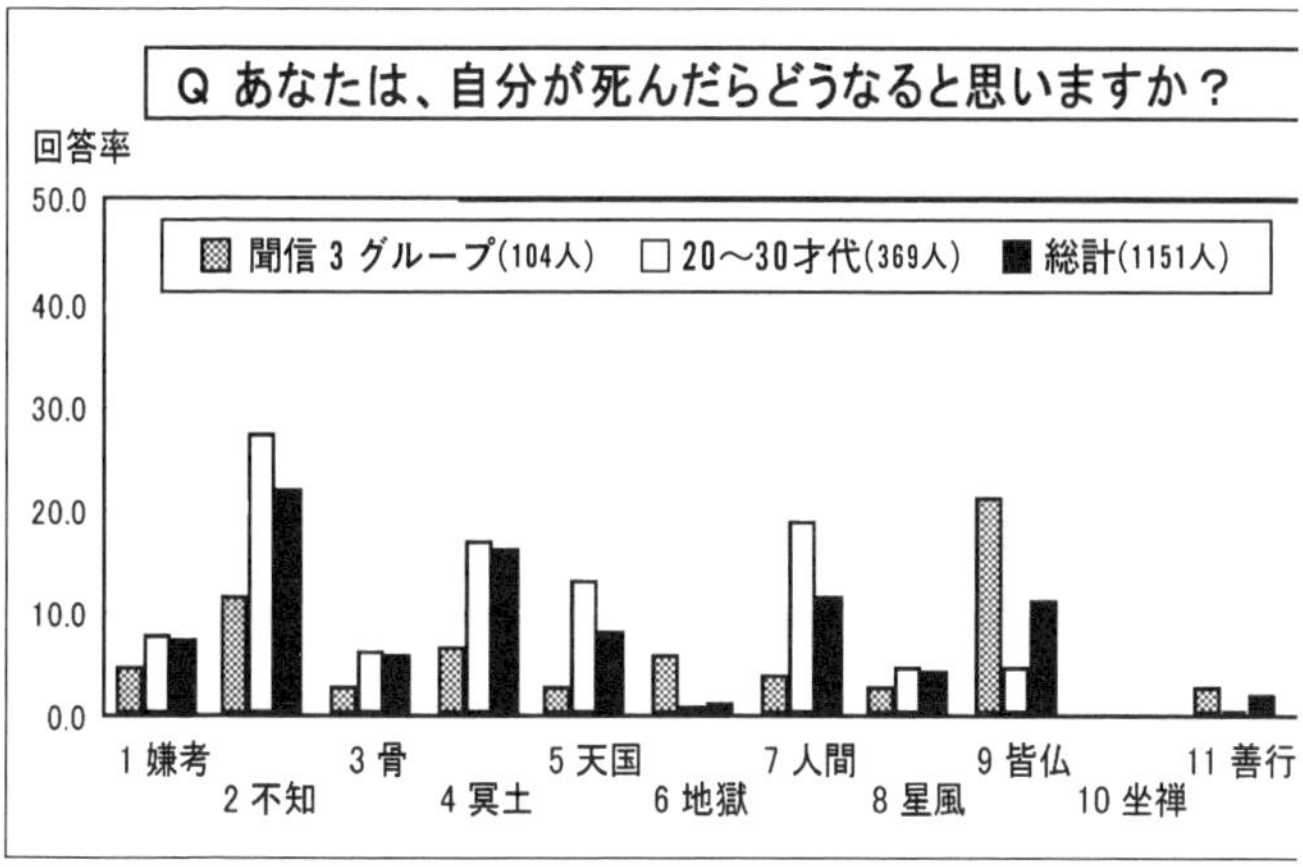

いる、それが④～⑮の選択肢となる。

④～⑧は通俗的な考えでしょう。④「どこかあの世（冥土）へいく」が総計で第4位。これは若世代でも高く、⑦「また人間に」、⑤「天国へ」と並んで死後の生の三大候補。

⑨「皆仏」～⑮「如来」は仏教的な死後の生で、その中でも⑪～⑮は浄土教的であり、特に⑬、⑭は、浄土真宗的です。⑨～⑮の中で総計最多の⑮「如来」では、聞信G（主として高年齢層）の高率が目立ちます。深信した上での「おまかせ」でしょう。

聞信Gといえば、⑬「阿弥陀仏の本願を信じ…」や⑭「現在から仏になるべき身（定聚）」

の2項が総計よりも明らかに高い。聴聞の成果でしょう。だから、②で死後の世界が「分からない」という率は低い。しかし⑰「死の苦痛」が不安なのは、高齢のためと窺われます。

⑨以下⑮までの「仏になる」ことに関した項目では、若世代の選択はほとんどないのに、⑨「皆仏」と⑮「如来」だけは低率ながらある。これは、「人間死んだら皆仏」というとき、その「仏」が「ホトケ」（遺体）の意味ともとられうる表現の甘さがあったためか、あるいは、安易に仏の慈悲を当然とする一般人の甘えの現われかも知れない。同じことが⑯の「如来におまかせ」でも感じられます。

⑯「死後の問題よりも今の生き方が大事」は総計でも若世代でもトップ3に入る高率で、現代的な意見です。しかし、真の生き方とは何かが問題。　次号で考えましょう。

11　死んだらどうなる？（3）

―「出離《しゅつり》」こそ真に生きる道―

アンケートの⑰「死後の問題よりも今の生き方が大事」の回答が高位でしたが、「今の生き方」を考えるということは、人生の意義、人間としての生まれ甲斐を考えるということであり、誰にも大切な課題であります。

しかし、その「人間」のとらえ方が問題。現代人の多くは、万物の霊長として地上に君臨し、巨大な人間文化を築き上げている最高の種《しゅ》の一員として自己をとらえている。だから人生問題もその基盤に立ち、「人間は賢い」という立場で考えるのではないでしょうか。

他方、仏教では、衆生は業《ごう》（行為とその報《むく》い）によって生死をくりかえし流転していく、その六つの迷いの世界を「六道」といい、地獄・餓鬼・畜生・修羅・人間・天上を挙げます。ですから、人間とは業に縛られている（業繋《ごうけ》）迷いの境界であるという認識が大前提であります。ただ、苦と楽が相半ばしているこの人界こそ仏法により生死流転から「出離・解脱」し、さとりの世界（悟界）にいたる唯一の境界である。だから「人身《にんじん》うけがたし…仏法ききがたし」と人間としての身を大切に考えるのであります。端的にいえば「人間は愚かである」という立場です。

お釈迦さまも、七高僧も、親鸞聖人もみなこの生死の流転（迷・愚・苦）から涅槃寂静（悟・滅）への解脱・出離を求めてご苦労されました。そのご一生の目的・出世の本懐・生まれ甲斐は、この「出離」（迷いから悟りにいたる）より他にはありませんでした。

「曠劫《こうごう》多生《たしょう》のあひだにも　出離の強縁《ごうえん》しらざりき　本師源空いまさずは　このたびむなしくすぎなまし」（いつとも知らぬ遠い昔から生死流転してきたが、今までその迷いから出離する道を知らなかった。それがこの度、恩師法然房源空上人より、迷いの業繫を截《き》り、浄土の悟りに至らせてくださる如来の大願業力《だいがんごうりき》成就の念仏に遇わせていただいた。もしこの本師源空上人がおいでにならなかったら、この度せっかく受けた人間の生も空しく終わっていたであろう）という親鸞聖人のご和讃一つに、「生死流転から出離する」ことこそ人間としての生まれ甲斐であるという、聖人の人生基本路線が明らかなのであります。

近頃、「人間成就」が人生の目的であるという話を聞きます。現代に受け入れられやすいことばですが、人間としての生が真に成就するというのは、親鸞聖人によれば、「出離の強縁（阿弥陀仏の本願名号）」に遇うことに他なりません。別な言葉でいえば「本願を信じ念仏を申さば仏に成る」ことこそ、人間に生まれた生まれ甲斐なのであります。そして仏に成るということは、現生から仏の光に摂取されて必ず仏に成る身と定まる（現生正定聚《げんしょうしょうじょうじゅ》）ことから始まるのです。そして臨終には即、大般涅槃《だいはつねはん》（無上覚・この上ないさとり）を得させていただき、さらになお、この世に応化《おうげ》（縁に応じて還来《げんらい》）して有縁・無縁の人々を仏道に導くというはたらき（還相回向《げんそうえこう》）にまで入らせていただけるのであります。これこそ真の人間成就でありましょう。

この「出離」という仏道成就なくして、ただ人生内（生きているうち）だけでどれほどのことをしても、それは死をもって終わるのではありませんか。後生が明らかになるということは生死を乗り越えて未来永遠に生きる世界が開けてくる、しかも還相回向（他の人々を救う＝人のため世のために尽くす）というはたらきに入れるのですから、これほど完全な人間としての宿願成就はありません。

この「出離」の道に遇い得た慶びの中で親鸞聖人は仏恩報謝・仏法弘まれのご一生を完うされました。自ら「愚禿」と名乗られた聖人は「愚かな人間」という視点に立たれたればこそ迷いを超克《ちょうこく》する道に出られたことを自他ともに銘記すべきでありましょう。

12　大夢《たいむ》に寝《い》ねて

海寄せて海引きて後黒々と
人の歴史は引きめくられぬ　（北本市　左近弌弎）

朝日歌壇でこの歌を読んだとき、「人の歴史は引きめくられぬ」ということばに強烈な印象をうけた。いうまでもなく、あの恐ろしい東日本大震災の大津波の描写であるが、それまで日本中が楽しい安逸の夢を見ていた布団を引きめくられて、厳しい現実に目覚めさせられたという意味を直感した。

あの忘れ難い3月11日午後2時46分までは営々として繰り広げられていた日本人の歴史が一瞬にして「引きめくられ」後は黒々とした瓦礫の荒土と化してしまったのである。

言葉にならない惨劇。日本人、誰しも胸裂ける思い、否、世界の人々も同感であっただろう。しかもその後、目に見えぬ放射能の汚染が広がっている。何という変わりようであろうか。何と悲しいことであろうか…この思いに浸っていたとき、ふと曇鸞《どんらん》大師のこういうことばに出あった。

「この三界《さんがい》はみなこれ有漏《うろ》なり。邪道《じゃどう》の所生《しょしょう》なり。長《なが》く大夢《たいむ》に寝《い》ねて出《い》でんと悕《ねが》ふを知《し》ることなし。このゆゑに大悲心《だいひしん》を興《おこ》したまへり」（『浄土論註』…性《しょう》功徳）

（大意＝この迷いの三界で長く深い夢にふけっていて、迷いを出て悟りを得たいとねがうこともない。その衆生のためにこそ如来の大悲心は興《おこ》されたのである。）

「如来の大悲」というと、我々衆生の苦悩を憐れみ悲しみ、これを救わんとはたらいてくださるのだといただいていたが、曇鸞大師はもっと深いところを見ておられる。

我々人間・衆生は、そもそも迷い（三界）の境界《きょうがい》（有漏・邪道）に居るのであるが、その迷いから出ようとも思わず、三毒（貪《むさぼ》り・瞋《いか》り・愚痴《ぐち》）、五欲（財欲・色欲・食欲・名誉欲・睡眠欲＝楽をしたい欲）の夢をいつまでも見ていて、結局迷いのままに死んでいく、その痛ましいすがたこそ悲しむべきものである。

せっかく、迷いを出て悟りの世界に至ることのできる人間という唯一の生《しょう》を得たのに、そのチャンスを活かさず、むなしくこの生を終わっていくのか、何と惜しいことであろう、何と悲しいことであろう。仏法の光に遇い、人間としての生まれ甲斐に目を覚ましてくれよと願っておられるのが「如来の大悲心」だ。大師はこう仰せられているのである。

無量寿経に「生死勤苦《しょうじごんく》の本《もと》を抜かしめたまへ」と法蔵菩薩の願いが出ているが、如来の大悲は、生死の海の表面の風波《かざなみ》よりもむしろ、（津波のもとになったような）生死の海の底、つまり迷いから覚めずに長い夢見をしているという深い迷いの実態、「大夢《たいむ》」にこそかけられているのだと言われているようだ。

現代は、科学・合理主義に基づく人間文化の夢（便利）に満ちているようであるが、その夢は、いつ何が起きるか分からない「火宅無常《かたくむじょう》の世界」という床《とこ》の上でのこと、そして見ている夢には「煩悩具足《ぼんのうぐそく》」という悪夢が横行している。（「義援金詐欺」とか「（首都圏での）非常食買いだめ」等、卑近な例）

どんな夢を見ていても、人間早晩、その夢は潰《つい》えていくものである。その夢が破れ、「ああ、人間一生、夢のまた夢」だったと気づいたときどうする。夢の布団をひきめくられて、冷厳な迷妄の事実に晒《さら》されたときどうする。迷いを出る道を聞いていなければ、迷いの象徴たる地獄は免《まぬが》れないのである。

要は「出《い》でんと悕《ねが》う」かどうかである。迷いを出てさとりの世界・浄土に生まれたいと願う者にこそ、「如来のまことを信じて念仏申せ。必ずすくう」と、十劫《じっこう》の昔から喚んでおられる如来の喚び声が聞こえてくる。如来の大悲心がとどくのである。

「大夢に寝《い》ねて」いては聞こえない。

覚めた者は寝ている者を起こしてやらねばならない。

13 〝物語〟雑感

ふとした機縁で、「ナラティブ・ベイスト・メディシン」（①ＮＢＭ）（物語に基づく医療）という医学の新しい分野があることを知った。医学には素人の私だから、断片的な知識でしかないことをまずお詫びするが、およそ次のようなことであるらしい。

普通の医学は「エビデンス・ベイスト・メディシン」（②ＥＢＭ）（証拠に基づいた医療）で、検査結果（証拠）を基にして手術や投薬等の治療をする、いわゆる近代科学的な医療であるが、難病・死病・老齢など治療困難になる場合が往々にして起き、医師も患者も限界に達する。

それに対して①の方は、患者に自分の病気について、どのような症状なのか、どのような生活をしていてそうなったのかなどと、話をしてもらう。すると、生活習慣や家族・人間関係など病気の背景が医師にもよくわかり、それに応じた治療ができる。また、患者は自分の病気の苦しみを話したことで、気分が楽になり、医師に理解してもらったという信頼感がわき、治療効果も上がる。

特に、がんの末期になったような場合、患者に自分の生涯を語ってもらう（或いは書いてもらう）ことによって、人生（心）の整理ができる。一生の間いろんなことがあったが、この病気もその一コマである…と我が人生を見直すことができる。そして最後を安らかに迎えられるケースがよくあるというのである。

これは正に宗教の関わるべき場面。ホスピスとかビハーラでは、その「物語り」が行われているはずだ。「人生のやり直しはできないが、見直すことはできる」（金子大榮師）の実践である。

しかし、その見直しには、見直す「視点」がなければならない。目先の事象にやっきになっている（例えば、「自分はこんなに苦しんでいるのに、近親の〇〇は見舞いにも来ない」というような自己中心的な）近視的視点では、人生全体を見直す視点（仏教でいう「遠観《おんかん》」）は見出せないであろう。

真の宗教は正にその人生を見直す視点であり、人生の意味を示唆《しさ》する教えである。個々人の物語は、宗教という「大いなる物語」の一部となったときに完結するのだ。「法蔵菩薩が一如宝海《いちにょほうかい》から形を現わして、十方の苦悩の有情を救わんという大誓願（本願）を発《おこ》し、超大な思惟《しゆい》・修行を成就して、南無阿弥陀仏となられた。この本願を信じて念仏を申せば、浄土に生まれて仏のさとりを得る。この仏に成ることこそ人間に生まれた目的なのだ」という「大いなる物語」がある。

この大いなる物語はいつも聞き慣れていることが大事。ちょうど子どもが同じお伽《とぎ》噺《ばなし》を何度も聞いて覚えており、しかも聞く度に新たに興奮するように、この「法蔵物語」がしっかり身についている人は、さて、わが身個人の人生物語は、「苦悩の有情」

というところにすっぽり入るのだと、難なく気付くであろう。そして「大いなる物語」の中に救われていくわが人生物語が完結するのである。

「物語」は繰り返し、繰り返し語るものである。単なる知識ならば一度告げればよい。歎異抄でも「よつて、故《こ》親鸞聖人の御物語《おんものがたり》の趣《おもむき》、耳の底に留《とど》むるところいささかこれを注《しる》す」と唯円房が言っているように、親鸞聖人も念仏往生のこと、法然上人との出遇い、法難のことなどを、繰り返して「物語」られたに違いない。「聖人のつね（ね）の仰せ」である。繰り返すということは、人間存在の呼吸・いのちの息吹である。念仏も繰り返すもの、一度一度を初事として―。理屈ならば一度ですむ。

生きているかぎり、大いなる物語、その要《かなめ》を「南無阿弥陀仏」と繰り返し聞かせていただこう。繰り返し、繰り返し、有縁の人々に物語っていこう。

14　信じられている

本願寺派の名布教使（昭和〜平成年代）であられた雑賀《さいが》正晃《しょうこう》師は、幼少の時小児マヒにかかり、片脚が細く痛むので、いつも足を引きずって歩いていた。そのため学校でよくいじめられていた。

ある日学校の帰り道、痛い足が石につまづいて倒れ、ランドセルの中の教科書・ノートが散らかる。同級生たちがそれを一つずつ拾い上げて、さあとりに来いといい、足をひきずる真似をしてみせる。泣きじゃくっているとき、ちょうど父親が通りかかった。

父は級友達を叱るのではなく、正晃をつれて海岸に出、砂の上に坐らせて言う。

「お前は痛い足をかばうから足を引きずり、いつまでもうまく歩けないのだ。もっと細い足を訓練して一人前にせよ。できないことはない。必ずできる…父さんの子だから、父さんの子だから…」

眼をあげてみれば、そう言っている父の顔は涙でぐしゃぐしゃだった。…何と深い父の慈愛か！これほど父さんは僕の足のこと、病気のことを心配していてくれたのか！必ず治せると僕のことを信じていてくれるのだ、お父さんの願いがかかった子だからなぁと…！

ここで正晃師の肝に父の慈愛の真心が貫きとおり、その後いろんな艱難《かんなん》を克服《こくふく》して、立派な布教使になられたのである。

親鸞聖人のご一流では、「信心をもつて本《ほん》とせられそうろう」といわれ、「如来さまからご信心をいただく」とよく言われるが、その「信心をいただく」とは実際どのような心持ちであろうか。何か「信心」という尊いものをふくさに包んで、うやうやしくおし頂き、それを仏壇に供えておくというようなものであろうか。いや、そうではあるまい。

ご和讃のなかに「真心徹到《しんしんてっとう》」という言葉がある。如来の願い、真心が、迷い多く、救われ難いこの私の身にしみわたるという意味。

「十方の衆生、苦悩の凡夫よ、そなたは如来の一子《ひとりご》だ。この阿弥陀によりかかれ、よりたのめ。必ず助かってくれよ、いや、必ず助かる、如来の子だからなぁ！」という仏の切なる願いが、人間業《にんげんごう》に苦悩する私の心にジーンときたとき、それが「真心徹到」、如来のまごころが私の魂に到り届いたのである。

「誰にも　何ものにも　信頼されていない　私が　如来に絶対的に　信頼されているというわが身を信ずることを極難信《ごくなんしん》という」（曾我量深師）

絶望的な私が、如来の絶対の大悲大願に包まれている、抱きしめられている、信じられているとはなぁ！と感泣し、もったいない、ナムアミダブツと念仏がこぼれ出る。

これこそ「本願を信じ念仏を申す」すがたである。

「弥陀の五劫思惟《ごこうしゆい》の願をよくよく案《あん》ずれば、ひとへに親鸞一人がためなりけり。さればそくばく（それほど）の業《ごう》をもちける身にてありけるをたすけんとおぼしめしたちける本願のかたじけなさよ」

と親鸞聖人が述懐されたように、如来本願のお喚び声が、わが心の奥底に響きわたったとき「かたじけない」「もったいない、ナムアミダブツ」と現れてくださる。まさに「如来の本願、称名《しょうみょう》に顕《あら》わる」（文類聚鈔）である。

この「真心徹到」という信心の流れは、如来本願の招喚《しょうかん》の勅命《ちょくめい》（お喚び声）にひたすら帰命《きみょう》する一念に生ずるのである。

『帰命』

まかせよ

「ハイ」

ただこれだけ　（鈴木章子《あや》『癌告知のあとで』）

如来に信じられている私だったと如来の真心が到りとどいたとき、「まかせよ」のひと声に「ハイ。ナムアミダブツ」と応《こた》えるのみ。これが帰命であり、信心を獲《え》たすがたである。

15 称えさせ手

「本願を信じ念仏を申さば仏に成る」というのが浄土真宗の教えの本筋であるが、「念仏を申す」ことについて、世間ではいろんな誤解がある。

①「なんまんだぶつなんて、訳のわからんことよう言わん」…これはまだ仏法を全然聞いていない人だ。仏法の光に遇えば、わが身の罪深さ・愚かさに気づかされ、その迷いの私を救わんと如来が大願を発《おこ》され、その願いを実現するために南無阿弥陀仏という名の仏になられた。そして、その名を聞かせ、称えさせて衆生を救うてくださるのだ—念仏とはこの私のためなのだという大切な「訳」が分かるはずである。

②「念仏なんかしたら負けたんてな（負けたみたいだ）」とある中年の男性。なんとまあ正直に本音を吐いたものか。また「念仏称えると、傍目《はため》にかっこ悪い・恥ずかしい」という女性。「念仏称えるほど俺《お》らまだ歳とってないぞ」という初老の男性。これらはみな同類だ—自我に執《とら》われている証拠である。「私にはれっきとした教育も

ある、物のわかった人間だ。なぜ念仏などに頼る必要があろうか」と言っているのである。そういう自我の闇を破るのが浄土の光―念仏なのだ。「念仏は自我崩壊《じがほうかい》の響き、自己誕生の産声《うぶごえ》である」（金子大榮師）との喝破《かっぱ》をよくよく味わいたい。

③「なぜ口に念仏を称えねばならないのだ。心の中で信じておればよい―信心が大事だ」…かなり仏法・真宗を聞いていてもこういう人がよくある。親鸞聖人が「真実の信心には、必ず名号を称えるというはたらきがそなわっている」（信巻）と言われていることをご存知だろうか。また、「大行《だいぎょう》とはすなはち無碍光如来《むげこうにょらい》の名《みな》を称するなり」（行巻）とも言われ、衆生が無碍光如来（阿弥陀仏）の名号を称えることが、実は衆生を救済する如来の御はたらきそのものであるという聖人の仰せを聞いておられないのであろうか。

ちょっと昔の逸話。「これまでずいぶんお聴聞していますが、まだ肚《はら》に落ちません。どのように聞いたらよいのでしょうか」と禅僧の弘海《ぐかい》が香樹院徳龍《こうじゅいんとくりゅう》師に尋ねる。「骨折って聞くことだ。いかに易行《たやすい》の法であっても、切に法を求める志がないと大事は聞き開けない。命がけで、常に絶え間なく聞くことだ」と師は諭《さと》される。「でもご法話のないときは聞かれませんが」「法話のないときは、聞いたことを思いだせ。そなたは文字が読めるのだからお聖教に聞きなさい。それもできないときは、口に常に名号を称えること、これもまた法を聞くことだ」とのお諭《さと》し。「えっ、自分で念仏して、自分で聞くとは、我が称えてわが声を聞くことですか」「うつけ者！」と師の大喝《だいかつ》。「我が称える念仏というものがどこにある。罪悪の我らが身でどうしてわが力で称えることができようぞ。我に念仏を称えさせるお方、称えさせ手がおられると聞かなんだか。何としてでも救わんと喚んで下さる如来のみ声が念仏となっておられるのだ。南無阿弥陀仏のお喚び声を聞かせていただくのだ！」この一言で弘海の信は開けたという。

念仏を称えたくないこの私にナムアミダブツと称えさせる力は何か。自我で頑《かたく》なになっているこの私が、いつか念仏する身となったとしたら、その「称えさせ手」は誰だったのか。「南無阿弥陀仏」と称えさせて救わんという如来かねてからの願力ではなかっただろうか。

「いづくにも行くべき道の絶えたれば口割りたまうナムアミダブツ」

(藤原正遠《しょうおん》)

私の口を割ってでも出てきてくださる「称えさせ手」あればこそお念仏できる身となられたのである。称えさせられてのお念仏なのだ。

「み仏をよぶわがこゑはみ仏のわれをよびますみ声なりけり」

(甲斐和里子《かいわりこ》)

如来大悲の喚び声が私の口から「ナムアミダブツ」とお出ましくださる。わが思いでの称名ではない。お念仏申させていただくのだ。

南無阿弥陀仏　南無阿弥陀仏。

あとがき

一つのテーマで書き下ろした一冊なら、全体の流れがよく伝わるでしょうが、こうして、時にふれ、縁にふれて書いた断片は、いくつ読んでみても、さて、著者は何が言いたいのか?と、思われることでしょう。しかし、烔眼のお方はおおよその察しはしてくださるのではないかと思い、甘えています。

物好きにもここ数年、本書採録の原稿大半については、下手ながら英訳を試み、それを当方のホームページに載せています。そうしたら、思わぬ反響がありました。

四年前（二〇一四年）、『群萌』誌の15「称えさせ手」の英訳 "The One Who Makes You Say the Nembutsu" をオランダ語に直して機関紙に印刷したいというメールが、ベルギーから入り驚きました。それはアントワープにある浄土真宗の寺院慈光寺 JIKŌJI の発行している寺報『回向 EKŌ』142号に載せるためでした。拙寺の写真まで入っているこのオランダ語の3頁は大切に保存しています。

そして昨年（二〇一八年）、今度はドイツの“Shinshu Newsletter Oktober 2018”（ドイツ語版）が拙稿「心のしおり」29「辞められません」の英訳“I Can't Quit”をそのまま転載しました。おそらく身障児を抱えた母親昇地露子氏の「親は辞められませんのよ」の一言が、洋の東西を問わず、心ある人の琴線にふれたからでしょう。

こういう反応は、実に著者冥利・英訳者冥利に尽きると喜ぶとともに、それらのエピソードの感動源である昇地露子氏や香樹院徳龍師の遺徳を再認識しています。

願わくは、本書の不備の点、多々ありましょうが、読者諸賢のご明察によってよしなにお読み替えいただき、仏祖のご本意に悖《もと》らぬようご叱正、御指導を賜りたいと存じます。

末筆ながら、今回の出版・校正に関して多大の労を惜しまれなかった梶原佑倖師、出版作業をすべてクリアしていただいた永田唯人氏に、心から厚く御礼申しあげ、あとがきといたします。

著者　識す

平成三十一年一月

著者：藤枝宏壽（ふじえだこうじゅ）
昭和 8 年（1933）　福井県越前市生まれ
真宗出雲路派了慶寺住職
URL: http://ryokeiji.net
略歴：京都大学（英文）卒業
藤島高校、福井工業高等専門学校、福井医科大で英語教授。
仏教大学仏教学科修士課程修了。
著書：『〝ぐんもう〟のめざめ』『子どもに聞かせたい法話』（以上、法蔵館）、『阿弥陀経を味わう三十六篇』『いのちの感動正信偈』『Dewdrops of Dharma』『〈紙芝居〉いただきます』『帰三宝偈・勧衆偈の味わい』等（以上、永田文昌堂）、『聞の座へ』（探究社）、『老いて聞く安らぎへの法話』（自照社出版）と同ＣＤ（了慶寺）、他。

コラム法話　実となる人生

平成三十一（二〇一九）年一月九日　印刷
平成三十一（二〇一九）年一月十日　発行

著　者　藤　枝　宏　壽
発行者　永　田　　悟
印刷所　㈱図書印刷同　朋　舎
製本所　㈱吉　田　三　誠　堂
発行所　永　田　文　昌　堂
600-8342　京都市下京区花屋町通西洞院西入
電　話（〇七五）三七一―六六五一番
ＦＡＸ（〇七五）三五一―九〇三一番

ISBN978-4-8162-6241-8 C1015